Staread
星 文 文 化

U0541016

谁说我不可以
如何停止自我破坏

[德]杰奎琳·库彭（Jacqueline Koeppen）著

迟雪燕 译

OBENRUM FREI
WIE DU DENKBLOCKADEN
ÜBERWINDEST

四川人民出版社

致詹卢卡

CONTENTS
目 录

自我破坏——前进一步,后退两步 \001

第一部分 自决的基础 \003

第一章 内心世界的维度 \005

第二章 自决的第一种能力:精确的认知 \021

第三章 自决的第二种能力:清晰的思维 \033

第四章 自决的第三种能力:真实的感觉 \071

第五章 自决的第四种能力:恰当的言语 \093

第六章 自决的第五种能力:果断的行动 \115

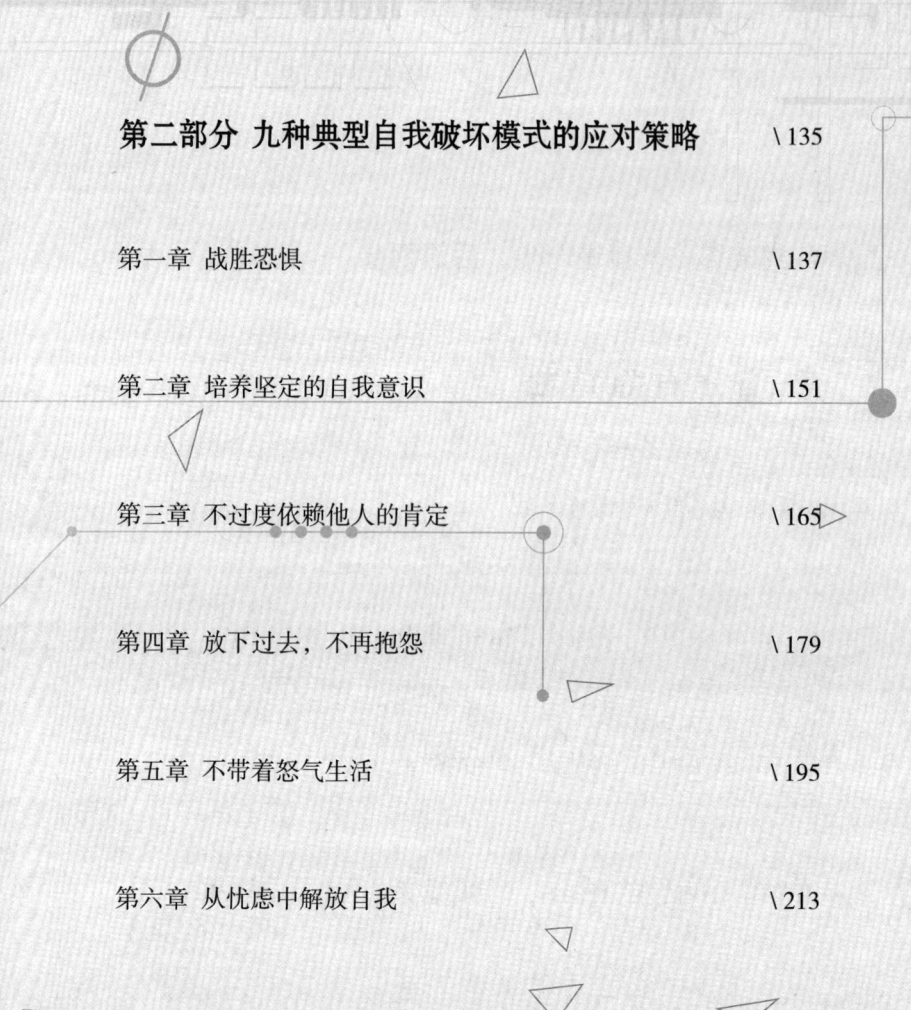

第二部分 九种典型自我破坏模式的应对策略 \135

第一章 战胜恐惧 \137

第二章 培养坚定的自我意识 \151

第三章 不过度依赖他人的肯定 \165

第四章 放下过去,不再抱怨 \179

第五章 不带着怒气生活 \195

第六章 从忧虑中解放自我 \213

第七章 学会做决定 \223

第八章 克服完美主义 \237

第九章 摆脱拖延症 \249

后记 我什么时候才能完成这一切? \267

附录 参考文献 \269

自我破坏——前进一步，后退两步

> "大多数人都有两种人生，一种是我们正在过的人生，另一种则是我们想过但却深埋心底的人生。两种人生之间有一座名为'阻力'的独木桥。"
>
> ——史蒂文·普莱斯菲尔德（Steven Pressfield）

你是不是每次都把工作拖延到截止日期前完成？你是不是兴致勃勃地开始执行减肥或运动计划，却一再中断？你是不是制订了新年规划，但又很快放弃？你是不是有时会突然自我怀疑，感到难以言喻的焦虑，不能表达出自己的真情实感？你是不是总想做到事事完美，或是担忧自己不能承担重任？

从心理学角度来说，这类行为被称为自我破坏，即虽然我们非常想要得到某些东西，但我们会不自觉地阻挠自己的计划。我们没有如预期般向前迈出一大步，反而是向后退了两步。潜意识的心理模式削弱了我们的自信心，贬低了我们所取得的成就，破坏了我们内心世界的和谐与满足。自我破坏甚至常常会成为我们的显著性格特征之一，导致我们难以觉察自己在什么时候、以什么方式开始了这种模式。但我们能清楚地意识到我们总是在自我设限，根本没有充分发挥自己的优势。

多年来，我一直饶有兴趣地研究心理障碍是如何产生的、自我破坏心理是如何产生影响力等问题。在从事教练和沟通培训师等诸多工作，深入研究心理学、语言学、神经语言程序学（NLP）和佛教之后，我对自我破坏的模式和程序有了深刻的认识。本书将系统地介绍我对自我破坏心理的相关认知，并提供有效且实用的策略，帮助读者摆脱之前的心理旋涡，解放自我，克服心理障碍。

为此，我将详细分析人类的心理世界，介绍一些有助于自主控制心理活动的应用模型，并提供多种效果立竿见影的方法。

我建议读者按照自己的节奏通篇阅读此书，尝试一下自己感兴趣的练习和方法。当你遇到自己想要克服的自我破坏模式，可以随时参考书中的相应内容。本书的章节就是为了在你需要帮助和支持时能提供有针对性的帮助而设计的。这样一来，你的心理世界将逐渐完成自我重组。希望这本自我辅导指南能够激励你，最终能让你按照自己的想法积极塑造自决[①]生活。

希望这本书可以带给你美妙的心灵之旅。

杰奎琳·库彭

[①] 自决：自决，即自我决定。自决生活是一种主动的生活状态，即遵从自己内心的真实意愿，自主决定和处理生活中的种种事宜，掌握生活的主动权。——译者注

第一部分 自决的基础

Die Grundlagen der Selbstbestimmung

第一章
内心世界的维度

"花时间思考吧,那是力量的源泉。"

——爱尔兰格言

为什么大脑是我们的最强敌手?

虽然自我破坏心理易于描述,但它是以发生在我们大脑中的复杂过程为基础的。这些过程常常阻止我们去实现预定目标。我们的内心世界似乎正进行一场持久战:我们的意识在争取实现高目标,而我们的潜意识在强力阻拦。理智上,我们坚信自己想要多多运动、健康饮食,实现令人满意的人际交往,更成功、更自主地生活,更自信、更勇敢地处事,精力充沛地行动。然而我们的潜意识总能找到方法,阻拦我们落实上述想法。

这种普遍的行为倾向是如何产生的呢?这主要是因为人脑的

进化产生了一种默认模式，它是自我破坏心理的完美温床。

首先，大脑不是为了支持个体实现预设目标而生的，它最主要的目的是确保个体生存。因此大脑会一直尝试保护我们，使我们远离危险。当我们避开了一个潜在危险，大脑就会释放幸福荷尔蒙，使我们体会到一种积极正面的感觉。当我们实现了一个有价值的目标，大脑也会释放这种幸福荷尔蒙。在这两种情况下，我们都能获得一种"奖赏"并自我感觉很好。

这样一来，我们的生理机制就无法判断哪一种情况对我们更有长远价值。自我破坏心理便由此而生。这种心理总是在我们规避风险的倾向强于实现目标的动力时产生。这可能会使大脑成为我们的最强敌人，因为大脑往往会把那些实际并不危险，甚至长远来看会带来更多满足、幸福和成功的东西，都归类为危险情况。但究竟什么东西会被我们的大脑视为危险情况呢？

如何使大脑"化敌为友"？

大脑倾向于将一切新事物和超出自身舒适区的事物归类为危险情况。演讲、展示自信、相信自己、特立独行、承担重任、理智而不冲动地应对各种情况、作出决定、跳出舒适区、放弃完美主义、坚持做某事……这些都可能是舒适区之外的事。如果我们想做这些事，我们的潜意识就会察觉到危险，并对我们释放阻力。

潜意识会试图保护我们免受这种"潜在危险"的伤害，使我们觉得没有达成所求目标反而是安全的。

"舒适区模型"为克服这种模式提供了一个宝贵方法。该模型展现了人类的自我发展方式，可以帮助我们理解如何利用大脑的反应机制避免自我破坏心理。

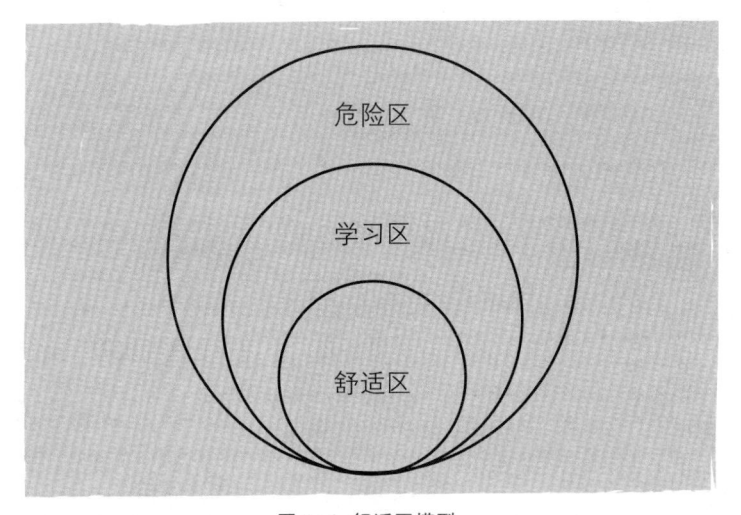

图 1-1 舒适区模型

舒适区模型将我们的生活划分成舒适区、学习区和危险区三个区域。根据我们在不同区域的感受，我们会选择是继续发展还是就此停滞。接下来我们详细聊聊这三个区域。

在舒适区，一切事物都让我们感到愉快、放松、熟悉。这是一个安全的区域，身处其中，我们会感到很舒服，我们知道这里每件事的程序，明白自己该如何去做。在这里，我们所掌握的方法行之有效，我们可以就地躺平，把能量消耗降到最低。但舒适区也包含了我们潜意识中根深蒂固的模式、习惯、自我逃避心理和所有或大或小的自我欺骗，这使得该区域也具有欺骗性——身处其中，我们难以进行任何学习和改变。我们的潜意识认为舒适区是安全的，并且阻止我们离开这一区域。

如果我们还想继续发展，那就必须走出舒适区，进入学习区。学习区是我们离开老路，开启未知之旅的地方。在这里，我们的老方法效果有限或是压根儿没有效果。我们开始质疑自己所掌握的方法，并以其为基础，形成新的思维模式、情感模式和行为模式。这样一来，我们必然会通过学习掌握新的技能。

下一个区域是危险区。这里是我们生理和心理的极限，会让我们感到格外不安、无助、难受。在这里，不愉快的回忆和恐惧涌上心头，根深蒂固的心理模式开始反击；我们的潜意识拉响警报，高度戒备，导致我们只能以攻击、逃避或置之不理等方式回应这些问题，根本无法思考下一步的解决方案。我们只有一个决定性的目标，那就是尽快回到舒适区。

克服自我破坏心理的关键在于以下几点：

1. 认可舒适区为我们加油充电的价值，但不能在那里长期停留；

2. 有意识地走出舒适区，进入学习区；

3. 实事求是地区分危险区和学习区，避免自我苛求。

我们不断走进学习区会带来一个神奇的改变：我们开始在学习区感到舒适。学习区逐渐变成我们新的舒适区，危险区慢慢变成了新的学习区。如此一来，我们一步接一步地扩展了视野，为克服自我破坏心理打下了基础。

勇于进入空白地带

每当我们勇敢尝试新事物、走出舒适区时，总会遇到一个问题：我们进入了空白地带。这会让我们非常害怕，甚至认为自己已经走到了危险区。这时，我们的潜意识会发出层层指令；这些指令就像橡皮筋一样绑住我们，把我们紧急拉回舒适区。

怎么才能打破这种模式呢？

我们可以采用"三步走"的阶段式方法将学习区变成新的舒适区，克服那些我们不想要的行为心理模式。第一步，培养自我意识；第二步，找到新方法；第三步，定期练习我们的新方法，从而将其变成习惯，变成新的舒适区。

我们可以借助下列培养方法完成第一步，培养自我意识。

★★★ 培养方法

创建自我破坏心理的思维导图

①准备不同颜色的笔和一张白纸,纸张越大越好。

②在白纸中间写上"我现在的生活",以此为中心,在周围标注出所有重要生活领域作为节点。生活领域可参考以下几个方面:

- ◆ 身体　　◆ 生活方式　◆ 精神　　◆ 人际关系
- ◆ 休闲活动　◆ 灵魂　　　◆ 职业　　◆ 友情
- ◆ 住所　　◆ 经济状况　◆ 家庭

③制定自己在每一个生活领域的目标,在每个生活领域旁写下 3~5 个目标。

④思考自己在各个生活领域中的自我破坏行为,在每个目标旁写下阻碍自己实现该目标的自我破坏行为模式。可能不止一种模式,因此要尽可能写得详细准确。以下是一些自我破坏模式,可作参考:

- ◆ 攻击　　◆ 恐惧　　◆ 生气
- ◆ 懒散　◆ 忽略自己的某些需求　◆ 低估自己的某些能力
- ◆ 僵化　　◆ 怨恨　　◆ 无助
- ◆ 无望　　◆ 冲动　　◆ 内心冲突
- ◆ 对抗　　◆ 不设界限　◆ 微弱的信念感

◆缺乏自信	◆缺乏方法	◆缺乏有关知识
◆纠结于过去	◆对事消极以待	◆不良习惯
◆不敢承担责任	◆完美主义	◆拖延症
◆伪装	◆自我贬低	◆自我放弃
◆自怨自艾	◆自我欺骗	◆自我压抑
◆忧虑	◆悲伤	◆要求苛刻
◆优柔寡断	◆逃避	◆受到伤害
◆绝望	◆逃跑	◆无所作为
◆愤怒	◆没有目标	

⑤写下自己出现这种行为的原因。思考以下问题：为什么自己在各个生活领域中会有这些表现？自己觉察到了什么危险？什么东西让自己觉得不安、害怕或是危险？对此，我们可以采用"我有……的自我破坏心理，因为我……"的句式书写。

⑥在节点旁准确标注自我破坏心理带来的影响。比如：我们是如何自我阻碍、自我设限的？在这一生活领域，自我破坏心理有哪些影响？带来了哪些后果？自己的哪些目标没能实现？把上述内容尽可能准确地记录下来。

⑦制定各个生活领域的蓝图。写下自己真正想要的东西，取代自我破坏行为。当一切都很完美，我们也没有自我破坏心理时，各个生活领域是怎样的呢？我们可以试着想象一下与自我破坏相反的情况是怎样的。在这种情况下，我们会怎么思考？有什么感

受？怎么行动？我们会有什么态度？会取得什么结果？

这些练习会帮助你认识自己的自我破坏模式，了解其对生活各方面的影响。此外，你也会明确自己真正想要什么。

明确了以上问题，我们就可以参照下列各种策略和方法，"对症下药"，采取合适的方法克服自我破坏模式。

借助五种能力模型，养成自决行为习惯

如果我们想掌握自己的内心世界和现实生活，我们应该仔细审视自己潜意识里根深蒂固的模式、理念和生活习惯。但大多数人都不了解自己，不知道自己的大脑如何运行，只知道自己表现出了相同的、无自主意识的思维模式和行为模式。当我们明白大脑的内在机制如何运行，并有意识地进行调控后，我们就能克服各种形式的自我破坏。

了解认知行为能帮助我们恰当认识心理世界的复杂性。相关研究认为，我们的思维、感觉和行为联系密切，并针对三者相互影响的方式及其对生理、心理和精神健康的影响展开了调查。如果我们把这一结论与语言学、神经语言程序学（该学科在行为变化研究方面同样非常重视知觉和语言）的知识结合起来，会得出一个日常生活中切实可用的模型，帮助我们培养高度的自决意识，我称之为"五种能力模型"。在该模型的帮助下，我们可以更加了解自己的心理世界，有针对性地控制自己的行为。该模型包含认知、思维、感觉、言语、行动五大要素。只要我们意识清醒，我们都能自主地影响这五大要素。

同时，这五大要素也代表了大脑复杂的运转过程。如果我们能有意识地认识并调控这些过程，就能实现最大程度的自决，也能终结自我破坏模式。我将在下面的章节中详细介绍其中的关联。

五种能力之间的逻辑关系是否完全出于无意识的自发性？

在我们的大脑中，各种复杂的运转过程会按照以下流程按部就班地进行：

◆我们通过感觉器官感知到某一信息，该信息可能是来自外部环境的刺激，也可能是人体内部产生的刺激。

◆这种刺激激发了大脑有意识或无意识的思维过程。

◆这些思维过程导致我们产生感觉，同时我们的思维过程也会被感觉所影响。

◆思维和感觉促使我们进行语言表达和其他行为。

◆上述行为的结果又作为一个新的刺激，为我们的感觉器官所感知。这一循环模式周而复始。

当然，大脑的运转过程本质上并没有严格的计划。

这些过程时时刻刻都在以极快的速度相互作用，影响我们的情绪、反应和自我效能感。这就导致我们的情绪状态和行动能力可能在瞬间彻底改变。举个例子，上一秒你还放松地坐在餐桌旁，和朋友平静地聊着天；突然，对方说了一些伤害到你或者是具有攻击性的话，你的情绪状态瞬间发生改变。再比如，你心情愉悦地走进办公室，突然碰到老板，他让你去他的办公室；你的好心情不可避免地变成了忧虑，因为你害怕自己做错了事，现在可能要面对老板的怒火。

我们都理解这些情况，但其实我们只是接受了最终结果，很少有人清楚当时我们的大脑里发生了什么。五种能力之间存在一种内在的逻辑，彼此相互关联。如果我们能彻底理解这种内在逻辑，就能识破自我破坏心理，真正地重新规划生活。

自决而非自我破坏

培养上述五种能力，你就能充分发挥大脑的创新力，终止自我破坏。如此一来，你会受益终生。下面，让我们先来看看这五种能力各自的优势。

1. 精确的认知，有助于提高注意力

生活中的许多问题都要归因于我们误把自己的认知当作绝对的真理。而事实上，我们的意识从始至终只是我们对现实世界进行筛

选和主观解读而形成的一个片段。如果我们的认知更精确，那我们不光对世界重要领域和热点话题有敏锐的观察力，我们还将成为思想更为开放的人，有能力找到更具创造性的方法来解决问题，人际交往也会更加和谐。这些内容我将在后面的章节中详细介绍和证明。

2. 清晰的思维，有助于从心理障碍中解放自我

我们不断尝试通过思维过程给混乱的心理世界下指令。我们会发现，思维越清晰、越有自主意识，我们就会做得越好，并能以此打破那些讨厌的模式。与之相反，混乱的思维结构就会导致自我破坏。

3. 可靠的感觉，有助于培养情绪控制力

很多人都为自己的情绪而苦恼，宁愿压抑情绪也不愿调整和处理情绪。然而，我们处理情绪的方式对生活质量有着重要的影响。如果我们不学会感知自己的情绪、系统地处理情绪，就可能会面临生理和心理疾病的威胁。如果我们能合理地对待情绪问题，就可以积极地调整情绪状态，促进心理平衡。

4. 有意识的语言表达，有助于增强语言能力

语言具有强大的力量，语言能力强的人善于运用这种神奇的力量。他们不仅能更好地理解别人，有效促进交流，还擅长自我

激励和激励他人，更容易实现自己的目标。除此之外，语言也会影响我们的大脑结构。我们越是努力培养积极的语言风格，面对生活的基本情绪和态度就越积极。后文将解释这一现象的原因。

5. 果断的行动，有助于养成立即行动、拒绝拖延的好习惯

果断的行动往往是成功的基石。掌握正确的决策方法和激励方法的人，能够以更清醒的头脑追求并实现自己的目标。

有意识地选择心理方法

如果我们提高了上述五种能力，我们就能有意识地针对现实情况，以恰当的方式作出回应和处理。为此，我们首先要感知这些情况，有意识地将其分隔开来，逐一研究。我们可以在任何清醒时刻，特别是在危急情况下，问自己以下五个问题：

◆我现在感知到了什么？

◆我现在在想什么？

◆我现在有什么感觉？

◆我现在要说什么？

◆我现在要做什么？

借助这些问题，我们会把注意力集中到具体事情上，掌握为人处世的主动权，而不是被动地遵从各种无意识的自发模式。如果我们能意识到自己的所知、所思、所感、所说、所为，我们就能有针对性地作出反应。

自由产生于刺激和反应之间

关于有意识的反应能力，意义疗法创始人维克多·弗兰克尔（Viktor Frankl）在《活出生命的意义》（*Trotzdem Ja zum Leben sagen: Ein Psychologe erlebt das Konzentrationslager*）一书中如此描述："在刺激和反应之间存在一个空间，我们可以在这里行使选择权，决定自己如何反应。我们的反应中包含着我们的发展和自由。"

但我们是否经常会不由自主地作出反应，而非有意识地控制自己的反应呢？我们可能会大发雷霆、强词夺理、被情绪冲昏头脑，说话或行动前不假思索，让自己陷入尴尬境地。

如果我们能做到有意识地对刺激作出反应，而不是任由大脑自发反应，我们就能获得内在自由。如果我们在刺激和反应之间"暂停"一小会儿，我们就能决定自己如何反应，将自己从刺激-反应机制的自动循环中解放出来。

自由技巧

为了实现这种"暂停"，控制我们的反应，我们可以采用一种技巧，我将其称为"自由技巧"。这种技巧能让我们有意识地应对内在和外在世界中的一切事物，并以此方式选择自由而非自我破坏。自由技巧的原理如下：

1. 有意识地感知刺激

自发行为模式的触发因素是刺激，这种刺激可能是某人的一个观点或一个行为等外部刺激，也可能是特定的情绪状态、想法或需求等内部刺激。自由技巧的第一步，是有意识地感知各种会使我们自发反应的刺激。

2. 抛下联结之锚：暂停——停止自发行为模式

自由技巧的第二步是"暂停"几秒钟，激活刺激和反应之间的空间。虽然情况紧急，但我们的自发模式还是会像往常一样活跃，自我破坏也会照常开始。

此时，抛下刺激和特定反应间的联结之锚会帮到我们。也就是说，我们可以使用一个简单的锚来结束非预期的反应行为。对很多人来说，脑海中的一句"停！"是很有用的。一旦我们察觉非预期反应的触发因素出现，比方说，我们发现自己开始愤怒或是想要逃避某项讨厌的任务时，我们就可以使用这样或其他形式的锚，在心里喊"停"或是大声喊出来。

3. 自我说明"我想要什么？"是一个神奇的问题

第三步是自我说明。理清自己在当下情景中的目标非常重要，因为只有这样才能目的鲜明地行动。"我想要什么？""现在什么东西对我来说是重要的？""我现在的需求是什么？""我的目标是什么？""我现在需要什么？"这些问题都有神奇的作用，因为它们能帮我们认清自己在某一时刻想要什么、需要什么，并为我们制定以目标为导向的策略指明方向。

4. 借助五大过程自主作出反应

在完成自我说明的基础上，我们可以自主控制五种能力模型的运行过程。我们可以自主制定目标并自我提问："我现在能感知到什么？有什么想法？感觉如何？说什么或做什么才能实现自己的目标？"接着我们要对准目标，有意识地控制这五个内在过程。

★ ★ ★

内在自由的培养策略

策略一：做自发行为模式的观察者

关注自己的内在思维模式，像一个中立的观察者一样去分析它，先不要作任何改变。有意识地控制自己不对自身思维模式作任何评价，既不对积极的部分感到高兴，也不对消极的部分感到不满。我们只有认识自身根深蒂固的思维模式，熟悉它，才能借助其他方法有意识地改变它。

策略二：打破刺激 – 反应机制

想一想自己在什么情况下会冲动地作出反应，如开车、被批评或是面对其他人的特定行为等情况。说出自己在这种情况下所表现出来的情绪和典型的自发反应是什么。比如，你感到生气和愤怒，感到自己被针对，因此采取了言语回击的手段。

想一想自己可以有哪些不同的反应。如果你发现自己处在上述的情况下，就要提醒自己有意识地采取行动，保持自己的内在自由。接着，使用自由技巧，将这种情况尽可能地内化。如果你没有一举成功，也要坦然接受这个结果，不要因此而责备自己，毕竟熟能生巧，多加练习即可。

第二章

自决的第一种能力：精确的认知

"每个人都认为，他所认为的现实就是正确的现实。"

——希尔德·多敏（Hilde Domin）

我们无法掌握世界的全貌

上一个与你搭话的陌生人的眼睛是什么颜色？你可能会觉得这个问题很难回答。当然，这是完全正常的反应。对于生活中的大部分事物，我们只是略有认知或根本一无所知。例如，当我们看到一棵树时，首先映入眼帘的往往是树干、树枝和树叶。当我们进一步观察这棵树，我们通常会发现一些比第一印象更多的特征。我们可能会注意到树皮的纹理、树叶的形状或是第一根树枝的分叉点。如果这棵树被暴风雨连根拔起，我们可以观察它的根系；如果这棵树被砍倒，做成了木板，我们可以用显微镜来观察那些木屑，我们会发现它的纤维是由许多微小的颗粒组成的；如果我们把这些纤维送到量子物理学家那里，他会告诉我们这棵树是由分子、原子、夸克或更小的粒子组成的，而我们通常并不清楚这些东西。

我们无法看到一棵树的全貌，同样，我们也无法掌握现实世界的全貌。我们只能窥见现实世界的一小部分，而且我们还会基于自己所了解的内容不断地"筛选"现实。这样一来，我们一直都在无意识地错过现实世界中的无数信息。这本身不是问题，但如果我们认为自己的认知就是对现实世界的准确反映，这就成了问题。

我们的意识只感知到百万分之一的现实

生理学家和疼痛学研究者曼弗雷德·齐默尔曼（Manfred Zimmermann）研究发现，人眼每秒会接收260亿条信息。这是一个难以想象的数字。当你从书本中抬起头，看看周围各种事物，你会对视觉收集到的巨量信息有一个总体印象。当你再次埋头阅读时，你会自动屏蔽掉刚刚获得的大部分信息。

我们的其他感官也一直受到巨大的信息洪流的冲击，而大脑不能完全掌握这些巨量信息。我们无意识的感知力每秒只能承受大约1100万条信息。相比之下，我们有意识的感知力要有限得多，每秒只能接收大约40条信息。这意味着对于我们无意识接收到的信息，大脑只能有意识地处理其中的百万分之一[①]。

正因如此，我们才能有效应对所处环境。如果有意识的感知会对潜意识造成影响，我们会失去生活的方向。太多的信息会使我们的大脑超载，限制我们的思考能力，最终导致我们的工作记忆失灵，不能处理好有关信息，判断屡屡出错，压力也会增大。

"过滤器"限制了我们的感知

为了防止大脑超载，我们体内有许多感知过滤器，它们能确保只有一小部分信息进入我们的意识。这样一来，我们就能保持充足的信息处理能力和行动力，同时构建自身对现实世界和个人经历的印象。下列几个"过滤器"十分活跃，总是影响着我们接收信息、处理信息的过程。

1. 神经过滤器

受人体感觉器官的神经特性所局限，很多物理上可测量的现象是我们无法直接感知到的。比如，我们的眼睛看不到紫外线；耳朵既听不到超声波也听不到次声波；由于触觉敏感性不同，我

[①] 原文直译为百万分之一，根据内文数据测算，概率约为0.0000036364。

们也只能感受到某些刺激。

2. 社会过滤器

社会过滤器通过教育、文化等进一步限制了我们的认知。当然，社会过滤器还包括语言、宗教、舆论、偏见、礼仪、习俗或社会结构等。因此，单一社会团体的认知明显区别于其他社会团体的认知。比如，因纽特人熟知的雪的类型有二十多种，他们需要靠不同种类的雪在冰天雪地里辨别方向。而通常来说，西欧人认识的雪的种类要少得多，他们可能会认识浆状雪和粉状雪。但对许多西欧人而言，他们所关心的只是这些雪能不能堆雪人或者家里的壁炉是不是该烧起来了。

3. 个体过滤器

我们所有的感知还将经过个人的经验、价值观、信仰、假设、期待、习惯和偏好等个体过滤器的过滤。这些东西控制了我们的个人倾向，决定我们如何评价所感知到的一切。同时，它们也帮我们区分好与坏、对与错、美与丑。

地图不是疆域

如果我们的意识只涵盖了很小一部分的现实世界，那我们所掌握的究竟是现实的哪一部分呢？其实，我们感知到的是符合我们个人世界的模型的那部分。这个模型由大脑创建而成，其基础是我们在生活过程中通过个人经验创建并不断更新的心理地图。这些心理地图帮助我们在大千世界中明确个人方向，就像现实中有形的地图指引我们在异国他乡找到方向一样。每个人都有许多这样的心理地图。比如，我们拥有事业地图、人际关系地图、经济状况地图，以及指导我们独处或与他人共处的地图。我们的认知、思维、感觉、言语和行动等内容都要遵循这些心理地图。因此，这些心理地图控制了我们所有的生活经验。

心理地图只绘制了那些我们感兴趣且看起来与我们有关的东西。如此一来，我们构建了一个关于现实世界的内在空间，并以此作为我们认识外部世界的指引。这就好比植物学家观察一棵树的角度完全不同于猎人、木匠、艺术家或物理学家一样，因为他的心中有不同的心理地图，他的意识也指向不同的经验。我们虽然身处同一个现实世界，但同时也各自活在自己所构建的世界里。神经语言程序学用"地图不是疆域"这一基本假设描述这种联系。该假设指出，我们的心理地图只是疆域的代表，并不是疆域本身。

任何心理地图都不是完整的，也不必完整，因为我们能够以个人世界的模型生活得很好：我们的地图对自己来说都是合乎逻辑的。在理想情况下，我们可以凭此找到在现实世界的方向，按照自己的想法塑造生活。如果我们混淆了心理地图与现实疆域，认为个人的认识就是绝对的真理，那么，当我们在现实中遇到与我们想法并不一致的事物，就会产生问题。尽可能有自主意识地展开认知活动，能帮助我们扩大心理地图，越来越准确地把握现实疆域。

认知敏锐的好处

自主认知力越强，我们能体会到的现实世界的东西就越多，我们的经验也会更加丰富、更加真实。在以下三个方面，我们将受益匪浅。

1. 我们会更善于评估情况

事先自以为正确地认识和评估了某一事物，事后才意识到自己错了，这样的经历你有过几次呢？认知敏锐，我们就能更好地把握和评估事物，也能有目的性地作出应对，而不是急于下结论，草草了事。

2. 我们会找到更具创意的方法解决问题

不按常理出牌、容易接受各种不同观点的人往往能更有创意、更快速地解决日常生活中的问题。因为他们不仅会思考浅显的问题，还会考虑非常规的情况。

3. 我们的人际关系会得到改善

与他人的交往使我们一再确信：自己的世界模型明显不同于他人的世界模型。在很多对话中，我们可能会激烈地争辩谁的世界模型"更正确"。

这种"心理地图冲突"常常是争吵、伤害和拒绝的诱因。每个人都认为自己知道得更多，都坚信自己是对的。同时我们常常自认为足够了解别人的想法，所以我们会为他们的行为找原因，并按照自己的主观判断去解读他们的语言。我们会因为自己的心理地图而只相信一个"真相"，而这个"真相"往往与对方的"真相"相去甚远。

如果我们想维持良好的人际关系，可以反复提醒自己：我们不知道全部的现实，意见分歧主要是因为"心理地图冲突"产生的。谁都没有切实经历过我们所经历的世界。人们可以从无数个角度去观察某一事物，但没有人敢说自己的意见和观点是绝对的权威，因为每个人都有自己的世界模型，在自己看来它就是正确的、合乎逻辑的。

有了这种意识，我们不仅能更容易、更开放地接受他人的观点，而且在发生冲突时也不会冲动地指责、攻击和抵抗。我们会更自主地与他人展开交流，更轻松地避免争吵，面对批评也不会那么敏感，鲜少对他人发脾气。我们将他人的观点和行为方式都看作是对方心理地图的表达，对方的心理地图本身并不比我们的心理地图"更正确"或"更错误"。我们也不再错误地认为自己的观点就是绝对的真理，因为我们知道，每个个体的思维和行动都符合各自的世界模型。基于这种意识，我们的人际关系会得到不可思议的改善。

★★★
自主认知力的培养方法

方法一：体验认知日

把明天当作认知日。早晨起床时就问自己以下问题：

◆你听到了什么？

◆你看到了什么？

◆你闻到了什么？

◆你尝到了什么？

◆你触到了什么？

在这一天的不同场景中重复上述练习，比如在车上、在会议中、在超市里、在吃饭的时候以及躺在床上的时候。有哪些东西是你平常忽略了而今天感知到了的？晚上回家后要做好认知日的相关记录。常常重复这个练习，你会逐渐形成对现实世界更为全面的认知，扩大自己的心理地图。你的大脑会慢慢习惯去察觉世界上更多的细微差别，并给你指出新的行动方向。

方法二：强化视觉感知

培养仔细观察他人的习惯。他们的头发是什么颜色？发型是什么样的？眼睛是什么颜色？鼻子是什么形状？什么肤色？他们跑起来是什么样子？坐着是什么样子？穿什么衣服？戴什么手表？戴什么首饰？你还能观察到哪些平常注意不到的事情？反复练习，逐渐练就专心观察他人的本领，但同时也要注意，这些推断可能本身就带有主观色彩，因为它毕竟是以你自己的心理地图为基础的。

方法三：强化听觉

大家都知道，在对话中，我们往往还没认真倾听别人的意见，就忙着在心里得出自己的答案。这样的做法会严重限制我们的感知。为了避免出现这种情况，你可以尝试认真倾听他人讲话。他们具体说了什么？用了哪些词句？声音听起来怎么样？什么时候出现了口误？哪些内容脱离了当下的语境，出现了思维跳跃？你从他们的言语中得出了关于其世界模型的什么结论？对此你也要牢记，你是通过自己个人的过滤器来感知世界的，所以不要草率地评判他人。

方法四：使用多种感知渠道

每个人都偏好使用某个特定的感知渠道。想要确定自己的偏好渠道是哪一个，现在就思考一下自己用哪个感官接收信息的效果最好。你可以通过观察自己的学习行为来发现自己的偏好感知渠道：当你听（听觉型）、读（视觉型）或是触碰（触觉型）某样东西时，通过哪种方式得到的信息更为印象深刻？当然，没有人会局限于单一的感知渠道，我们都是交叉使用各种渠道的，只是会更偏好某一特定渠道。

如果你找到了自己的偏好渠道，那就开始练习轮换使用不同的渠道。如果你是视觉型的，那就经常有意识地感知自己所听到和触到的东西。如果你是触觉型的，那就把注意力集中在自己看到和听到的东西上。如果你是听觉型的，那就尝试多多触碰自己周围的东西，仔细地观察它们。按照这样的方式勤加练习，你会更了解现实世界的方方面面。

方法五：像密探一样观察自己

如果你已经练习过用心观察周边环境，那么现在可以练习时刻专注于细节。周边环境和他人身上的特别之处是什么？什么东西比较有趣？什么东西充满矛盾？从此时此刻开始，像一个密探一样去观察一切，每个信息不论大小都很重要。你会惊奇地发现，自己一下子打开了新世界的大门。

方法六：明智选择解读模式

对于自己所感知到的内容，你可以选择以任何可能的含义来解读，从而停止内心或许已经自动开始的消极解读模式。你要越来越有自主意识地决定自己如何解读他人、情境和经历。

方法七：有自主意识、不冲动地对自己的感知作出反应

生活中，我们常常冲动地应对各种情况。因此，当你感知到一个信息时，心里要多按几次暂停键，明确这一信息只是反映了自己选择性感知到的内容。你要在刺激和反应之间的空间里自主决定处理方式。如果你没有立即对这一内在或外在刺激作出反应，你就将有更多的行动可能，提高自己的效率。这样一来，你会收获自由，能够针对性地解决问题，而非只是任由大脑自发反应。

方法八：避免草率下结论

我们常常使用"大家都知道这事儿""这很清楚""这很明显"等语句。然而，我们认为很清楚、很明显的东西，只是自己心理地图的写照而已。这对别人来说绝不是理所当然的事情。不要因为某些东西对自己来说显而易见就强求他人都知道，我们要做的是向他人解释自己的世界，并通过自主认知理解他人的世界。

第三章

自决的第二种能力：清晰的思维

"命由己造，相由心生，世间万物皆是化相。"

——禅语

思维是人生的关键一环

你有没有思考过自己的思维方式是什么样的？和大多数人一样，你的回答可能也是很少甚至是从来没有思考过。这很正常。在日常生活中，我们不会探究自己是如何思考的，脑海里的想法来去自由，时有时无。但实际上，这些想法拥有强大的力量，正是它们在操控着我们，因为思维对我们的人生有决定性的影响。

每天大约有 60000 个想法在我们的脑海中产生和传递。这些想法控制着我们的认知、情感、言语和行为，反过来它们本身也受到上述过程和环境的影响。这些想法在形成过程中会遵循我们在生活中所形成的内在的自发模式、心理地图和思维方式。

此外，这些想法也有强大的自生动力。例如，如果此刻我们的大脑"无所事事"，那它就会开始精神云游。常常冥想或晚上难以入眠的人对此想必深有体会。你刚想静一静，思想就开始波动。各种想法此起彼伏，千头万绪，根本停不下来。佛经里将这种意识状态称为"心猿"，即心境躁动，就像一只小猿猴一样在林间荡来荡去。这种现象是我们持续的、不假思索的、自发的思维过程，是大脑的一种默认模式。但如果我们能保持思维清晰、准确、有自主意识、积极向上且经过了深思熟虑，那么我们就能以积极的方式影响自己的生活。我们将在后面的章节中详细了解这方面的内容。这种清晰的思维会带来强烈的幸福感、更多的成功、自我意识的觉醒、身心健康以及更和谐的人际关系等"副作用"。

思维可能是我们的最佳盟友，也可能是我们的最强敌手。心理学家威廉·詹姆斯（William James）如此描述意识的力量："意识具有强大的力量。我们可以决定这种力量是于己有利还是于己有害。借助意识的力量，我们不仅能决定自己是健康还是患病，还能决定意识本身和我们个人的命运。这是对所有人而言都无一例外的规律，同时也是我们可以利用的绝佳机会。"

因为意识具有不可估量的潜力，所以为了实现人生成功，自主认识并控制自己的思维方式是我们必须掌握的一种能力。

如果我们能对意识进行定位、分类和有针对性地调整，那我们就能掌握主导权，按照自己的想法塑造自己的人生。可以说，掌控意识即掌控人生。现在让我们深入了解意识的世界吧。

消极思考的倾向

首先，我要告诉你一件不太令人振奋的事实：我们的大脑有很明显的消极思考倾向，尤其是在我们遇到日常生活中大大小小的难题时。从生物进化的角度来看，这是一个奇妙的特征。因为消极思考使我们的祖先进化出重要的物种优势。恐惧、谨慎以及对威胁和危险的关注，使得人类自远古时代起就拥有了保障物种延续的能力。如果我们的祖先不关注自然灾害、掠食者和其他侵略者，不从与之相关的失败经历中吸取教训，他们就不会有生存的机会。

即使到了今天，我们的大脑结构中仍然包含这一警戒区。因此，我们会更倾向于认识并尽可能避免生活中消极的事物，而不是认识积极的事物并建设性地作出反应。脑神经学家里克·汉森博士（Dr. Rick Hanson）如此描述这种联系："对待消极的经历，我们的大脑就像是会把它们牢牢粘住的魔术贴；对待积极的经历，我们的大脑却像不粘涂层一样。"消极的事物在大脑中扎根，积极的事物却随风而逝。

这种特征导致许多人往往会在一天结束时回想一天中消极的

经历而非积极的经历。例如，烦人的同事会比我们得到的赞美更让我们印象深刻；我们会抱怨那个挡路的司机，而不是为与伴侣共进晚餐而感到高兴；我们会想起那些还没完成的事，而不是为取得的成绩拍手称快。我们还常常消极地解读别人的言论。

当我们把注意力放在这些消极经历上，我们就像在通过"消极过滤器"感受这个世界。我们的认知存储在心理地图上，并因此加强了大脑的消极倾向，越来越多地从悲观视角来看待生活。

由此产生了一个有趣的问题：我们能不能让大脑具有积极的倾向？对此，有关研究给出了明确的肯定回答。

大脑在不断地自我重塑

神经科学研究发现，在人进入老年状态之前，大脑一直在不断地自我重塑。如果我们利用好大脑不断重塑的机会，就可以消除大脑的消极倾向。我们所学的一切以及全部经验，都会引起大脑不断进行神经元链接的自我重组、形成新的神经元甚至是新的组织结构。脑科学研究专家将这种特征称为"大脑的神经可塑性"。

那些被足够强度的神经脉冲一同激活的神经元会形成新的神经元回路。神经心理学家唐纳德·赫布（Donald Hebb）如此描述这一过程："一同被激活的神经元会彼此相连。"重复某一行为会形成新的神经元链接。大脑越是频繁地执行某一指令，相关的基础神经网络就越强大，思维进程也会越高效。

无论是积极的事情还是消极的事情，重复得越多，我们就越擅长。你肯定已经学会了很多对自身发展没什么用处的事。你可能会常常担心、害怕、自我怀疑或者拖延自己的工作，你可能习惯了抽烟或是养成了不健康的饮食习惯。原因很简单，因为你常常"练习"这些事。这一规律应用到思维方面，意味着如果你一直重复消极的思维模式，那你将变得非常善于消极思考。如果你养成了积极的思维模式，就会促进自己积极思考。长期来看，越是注重积极的经验，并刺激相关的神经元，大脑的积极倾向就会越强。反之，越是重复消极的思维模式，大脑的消极倾向就会越强。

心理学家理查德·怀斯曼（Richard Wiseman）的一项研究证明了积极的思维模式具有一定效果。怀斯曼列举了四个简单的改善情绪的小技巧，并探究其对幸福感和运气的影响。为此，他组织了26000名志愿者，将其分为五组，其中四组志愿者分别使用一条技巧：

◆ 经常有意识地微笑；

◆ 随机施以善举，即在合适的时机帮助他人，友善地给予他们关心、支持；

◆ 对生活中的美好事物心怀感激；

◆细细回想昨天发生的一件让你感到幸福的事。

第五组志愿者作为对照组,每天只需回想前一天的事,不作特殊要求。

五组志愿者都反馈自己在实验过程中感觉很开心。其中细细回想前一天积极经历的一组志愿者改善最为明显。对照组的志愿者感到开心,可能只是因为自己参与了实验以及因此更关注自身生活中的积极经历。

另有研究证明,从长远来看,参与社会活动、与人为善和乐于助人会使我们更乐观、更健康、更幸福。

如果想要在生活中有更多积极的体验,我们就可以基于这一想法主动加强大脑的积极倾向。我们可以专心致志地寻找生活中的美好事物,有自主意识地感知它们,使其成为积极的经验和记忆。今天你没遇上堵车?客户预约也比预想的要顺利?没有人批评你?太棒了!我们可以有意识地认识到这些事并为此感到开心。我们要连续保持至少三十秒的好心情,因为大脑的有关研究表明:某一经历在我们的意识中留存的时间越长,带给我们的情绪波动越强,就会有越多的神经元被激活并彼此链接。反复使用这一技巧,就能加强大脑的积极倾向,减少消极倾向。这样一来,你会越来越容易发现生活中令人开心的事物并将其存储到记忆里。你的大脑会越来越像只粘留积极经验的魔术贴,或对消极经验"免疫"的不粘涂层。

告别无意识的自发思维

现在我们来看另一个关于思维的有趣发现：无意识的自发思维是我们大脑中的默认设置，它会根据心理地图直观地解读我们的所知所感，将其直接转化为感觉、语言和行动。因此，某些刺激会一再使我们出现相同的自发思维、情感和反应。然而，一旦我们能有意识地感知和控制思维，我们就能有针对性地应对冲击和突发事件，掌握对生活的主导权，而不是被生活所控。

自发思维通常会使我们消极思考。为了生动形象地说明自发思维是怎样做到这一点的，我们来做个小实验：思考三个会让自己感到难过的场景，比如被别人批评、对他人感到失望、自己做错事等。现在问自己："具体是哪些想法导致自己在这些情景下感到难过？"你是不是会自动认为自己遭受了不公平的对待，每个人都在无情地践踏你的感情？或者你是不是会觉得自己是一个失败者？

如果想打破这种自发思维模式，建立新的思维模式，你可以在情绪消极时，认真思考以下问题：

◆ 触发自发思维的确切因素是什么？

◆ 它使自己产生了哪些想法？

◆ 由此又产生了什么样的情绪？

◆ 自己可以依靠哪些想法来避开这样的情绪？

因为人的思维是基于各自活跃的心理地图而非真正的现实世界所产生的，所以你可以自由地在任何时间产生不同的想法。通过这种方式，你可以打破模式化的刺激-反应机制，有意识地选择应对方案。

下面的表格中列举了一些相关示例。

触发因素	自动思维模式	引发的感受	有意识的思维
提交报税单的截止日期即将到来。	总是要处理这个愚蠢的报税单！真的烦透了，这完全就是浪费时间。	反感、挫败感、压抑。	报税单是生活的一部分。如果我因此而上火，那只会让事情难上加难。我现在就开始处理这份工作。等我完成了，我要给自己一些奖励。
在周五下班前，老板要求你做一份重要的工作，明天一早就要提交。	真受不了这个老板。总是在下班前最后一分钟给我安排任务。	挫败感、愤怒、不被尊重。	老板很信任我。他留给我的任务时间很短，并不是因为他卑劣，而是因为他自己也有很多事情要做，无法一直面面俱到，充分考虑其他人的需求。所以我现在就开始做这个任务，后面找时间和他谈谈，避免以后再出现这种情况。
某人说了些伤害到你的话。	他说的是什么意思？他以为自己是谁？为什么他要践踏我的感情？	悲痛、愤怒、拒绝。	我对自己的感情负责，也可以自由决定自己如何应对。我原谅这个人，因为他只是在按照他自己的世界观和能力范围行事。即使我不赞成他人的行为，我也能够理解他人。
某件事情出了问题。	为什么会出现这种情况？我本该提前去好好了解一下的。我真是笨死了。	愤怒、抵触。	过去的就让它过去吧。我无法改变过去。今后我在哪些方面可以做得更好，从而取得不同结果呢？

表 1-1 示例——有意识地调控思维

思维的"落脚点"在哪儿？

打破自发思维模式，控制住"心猿"的另一方法，是始终坚持有意识地认清思维在围着什么运转。

一般来说，思考意味着将我们的注意力聚焦在某一事物上，而注意力所在之处就是我们所经之事。因为我们可能会关注所有我们想要关注的事物，所以我们的思维就会不断地跳跃。它可能会在任何时候出现在任何地方：在过去、在当下或是在未来，在大如宇宙或是小至尘埃的层面，在想象之中或是在感官体验之中。思维的位置可以瞬息万变。

如果我们学着确定思维的位置，我们就能有意识地引导思维到对我们有所裨益的地方，体会自己想要的感觉，获得自己想要的结果。接下来让我们看看思维有哪些"落脚点"。

1. 时间层面

在时间层面上，我们可以把思维引导至过去、现在和未来。比如我们可以引导思维回到我们的童年、青少年时期或过去的某一天。同样，我们也可以引导思维去关注未来会发生的事。面对问题时，我们可以引导思维探究过去的事件的起因或是聚焦未来的解决方案。心怀担忧时，我们就是在引导思维关注未来，经常想象未来会出现的消极结果。在我们专注于当前任务或专心倾听他人讲话时,我们是在直接让思维聚焦当下。

2. 现实联系层面

想象是连接过去、现在和未来的桥梁。想象力使我们能展望未来、回忆过去。而想象的对立面是我们对当下的感知。许多人把自己的思维和大部分时间都投放在想象的世界里。他们回忆过去或幻想未来,从而影响当下的感受。比如,当我们回想起过去遭受的不公,现在仍会感到愤懑不平。当我们幻想糟糕的未来,现在就会感到忧虑。所以,我们当下的感受会被动地受到过去或未来的影响,从而使我们失去与现实的联系。

3. 视角层面

思维可以聚焦于最小的细节、元认知视角[①]或是其间的某一领域。我们都可以选择缩小或是放大任何情况的细节。比如,如果我们要讲述某一次经历,可以简要地进行说明,也可以长篇大论。在思考某一问题时,我们可能会沉浸于细枝末节,也可能会跳脱出来,隔着一定距离来看问题。

---

① 元认知:由美国心理学家 J.H. 弗拉维尔提出的概念,即对认知的认知。通俗理解为站在更高的地方审视自己的言行举止,并且从不停的视察中打磨自己的价值观和方法论。此处的元认知视角可理解为自我的"上帝视角"。——译者注

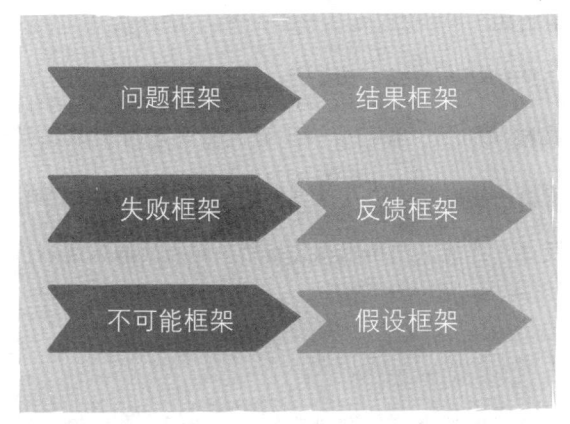

图 1-2 不同的思维框架

4. 框架层面

就像画框框住了画，思维也框住了我们的经验。不同的思维框架决定了我们会产生什么样的情绪和行为。对此，有三个典型的思维框架，详见图 1-2 所示。

①问题框架 vs 结果框架

我们可能在问题框架或结果框架下进行思考。问题框架的重点是问题，即难以实现预期目标的原因、理由和表现。在此框架下，我们的重点是错误的和不想要的东西，而不是期待的、想要的东西。这可能会严重限制我们的创造力和解决问题的能力。而在结果框架下，我们的重点是预期的结果以及实现目标的方式。对此，我们要进行自我提问："我想要什么？我怎么样才能实现它？为此我需要什么？"我们把问题重新表述为目标，注重可能性而非限制性。

②失败框架 vs 反馈框架

在失败框架下，我们会以消极的眼光看待失败和错误，认为自己要避免这种状态。在反馈框架下，我们会将失败和错误视为一种反馈，并能从中得出相关指示，对当前的方案进行必要的修正。

③不可能框架 vs 假设框架

在不可能框架下，我们通常会对自身能力和可能性持有限制性的想法。这些想法阻碍我们选择积极的行动方案。在假设框架下，我们常常以"如果……会……"的句式提出问题。在此框架下，我们能在精神层面从所谓的"不可能"中解放自我，尝试各种可能性，果断采取行动。

确定思维的"落脚点"

我们将通过下文的具体例子，探究不同的思维"落脚点"如何相互联系并影响我们在具体情境中的体验。

比方说，你忙碌了一天，疲惫不堪、一身压力地回到家。你那消极倾向的大脑已经把这一天里所有不愉快的事情都整整齐齐地存储好了。然后，你和家人坐在桌前，说起这一整天所有的不快。此时此刻，你的思维聚焦在什么上？

◆你在思考过去发生的事。（时间层面：过去）

◆你在回忆消极的经历。（现实联系层面：想象；框架层面：问题框架／失败框架）

◆你在回想各种情境的细节。（视角层面：细节视角）

怎样引导思维，才能使自己的感受立刻好转，让自己能与家人一起享受晚间时光呢？你可以试试这些思维引导方法：

◆你可以把思想集中在当下，用所有感官去感知此时此刻周围的一切，比如家人的气色、桌上的食物以及自己的呼吸。（时间层面：现在；现实联系层面：感知）

◆你可以有意识地回想一天中美好的事物。（时间层面：过去；现实联系层面：想象）

◆这些想法会立刻让你产生开心和自豪等愉快的感觉。（时间层面：现在；框架层面：结果框架）

◆你可以从元认知视角出发，主观地认为这一天中所有的小麻烦都具有一种意义，即你赋予它们的生活的意义。（视角层面：元认知视角；框架层面：反馈框架）

再来看看另一个例子。你即将参加一场重要的考试，心情十分激动。此时此刻，你的思维可能聚焦在这些地方：

◆你想象着未来，想象自己考砸了的情况。（时间层面：未来；

现实联系层面：想象；框架层面：不可能框架）

◆你想象着最坏的情况。"我完成不了考试。考试时我的大脑一片空白。我会不及格，永远也拿不到学位。"诸如此类的想法占据了你的大脑。（时间层面：未来；现实联系层面：想象；框架层面：问题框架）

这些想法对你有帮助吗？几乎没有，它们只是让你背负压力，使你感到恐惧。对于这种情况，还有更积极更有利的想法和思维位置，比如：

◆你可以把思维引向考试结束后的那个晚上，想象一下会给自己哪些特别的奖赏或者自己会如何庆祝。（时间层面：未来；现实联系层面：想象；框架层面：假设框架）

◆你可以想象自己清醒地坐在考场里，思路清晰地做完了考题。（时间层面：未来；现实联系层面：想象；框架层面：结果框架）

◆你可以完全专注于当下，对自己说："我做到了必要的一切，考前准备也非常充分，所以会有好结果的。"（时间层面：现在；框架层面：假设框架）

正如这两个案例所示，在任何情况下，我们都可以通过有意识地选择思维的位置，增强幸福感和自我效能感。你可以练习观察思维的位置并以此为起点，有针对性地引导自己的思维，从而避免被无意识的自发思维模式所控制。下列具有引导性的问题可以帮你做到这一点：

◆我现在的思维是在过去、现在还是未来？
◆我现在是在想象的世界里，还是在用所有的感官感知当下？
◆我现在的思维是聚焦在细节上还是在元认知视角上？
◆我现在的思维框架是什么样的？
◆现在关注什么内容对我的思维有帮助？

通过这种方式，你可以提高对自己思维的认知，有意识地将它们引向对你有利的方向。

典型的思维陷阱及其摆脱方法

我们的思维不仅经常会绕着消极的事物打转，还常常陷入一些典型的思维陷阱中，阻碍自身发展。这些陷阱会让我们产生错误的想法，并且一错再错。某个想法一旦产生，就会引发一连串新的想法。一个想法引发下一个想法，而后者又会引发再之后的想法。这个过程会一直持续不断。如果我们最初的想法不精确、不清楚，那最终只会得出错误的结论，我们的思维会由一连串的错误想法组成，成为诱发心理障碍的完美温床。但我们可以避免这种连锁反应。对此，我们要认识九个最常见的思维陷阱，了解自己可以培养哪些有益的思维模式，将其取而代之。

1. "非此即彼"的思维陷阱

在"非此即彼"的思维陷阱中，你会认为世界是非黑即白的。事物要么是完美的存在，要么是彻头彻尾的灾难。对任何事物的态度，要么是喜欢，要么是讨厌。你会认为自己要么是一切事情的罪魁祸首，要么与所有事情都毫不相干。你的世界总是极端、绝对、两极分化，没有任何中间地带。如果你掉进了这样的思维陷阱，你可能会有此类想法："如果我这次做得不好，我就是一个失败者。""他一直这么盯着我，明显就是不喜欢我。""如果我今天没有遇到命中注定的那个人，那我肯定永远都不会遇到他了。"

解决方案："兼而有之"的思维方式

"兼而有之"的思维方式可以代替"非此即彼"这种二元对立的思维方式。你要一直有这样的意识：这个世界不是非黑即白的，其中存在无数的灰色地带。在某件事上没有取得成功，那就能说明你真的是一个失败者吗？或者，你就能将这次失败归咎于人为因素吗？对方会不会只是今天心情不好，才会如此凶巴巴地看着你？虽然你现在还没有遇到命中注定的那个人，但他会不会在未来的某一刻与你相遇？想要跳出"非此即彼"的思维陷阱，你可以经常问自己："除了这两种极端情况，还有什么可能？我怎样才能开拓思路，摆脱局限性思考？"这样一来，你的经验会变得更加丰富，你会更全面地认识世界以及事物的各种可能性。

2."灾难化"思维陷阱——消极地想象

"灾难化"指的是由某一消极经历推断出事物的灾难性发展。你那想象力丰富的大脑会一直思索为什么自己想做的事没有成功？为什么一切都有可能出错？浮想联翩之后，你的精神世界眼看就要经历一场核爆级别的灾难，遭到毁灭性打击。讲到这里，你是不是想起了前文提过的大脑的消极倾向？就是因为大脑消极的思考倾向，你总会想象事件发展可能出现的最坏结果，而完全忽略其他可能的结果，甚至忽略事件的积极发展趋势。

下文的例子展示了"灾难化"思维陷阱的典型思维过程：

你正在家里等着伴侣下班回家。到了对方通常到家的时间点，而他还没有回来，你开始担心："他是不是遇到什么事儿了？他发生了意外？或者他可能出轨了？看吧，就是这样！"几分钟后，你已经开始想象这样一个画面：此时此刻，自己的伴侣正和他的出轨对象在床上缠绵。怀疑和愤怒从你内心深处渐渐升起。十分钟后，你已经在想着离婚事宜了。半小时后，你的伴侣捧着一束鲜花，高兴地走进家门，你立刻质问他之前去了哪里。对方并不知道在你的幻想里他做了什么事，因为他本身没有做错什么。虽然你的消极幻想并没有任何现实依据，但你一晚上都陷入了不断的怀疑中。

解决方案：如果想象无法避免，那就朝着积极的方向想象吧

"灾难化"思维陷阱只会毁掉你的生活。你既不是千里眼，也不是预言家，你无法预见未来。每每回忆过去，你的消极"预言"有几次说中了？你的消极幻想又有几次成真了？

如果你想预测未来，那就试着以一种积极的心态去想象。你可以想象一个好的结果，接着查验这一想法是否符合事实。如不相符，你再积极想象其他的可能性。如果你的伴侣回家晚了，那他就一定是出轨了吗？如果你出了一次丑，那你的颜面在所有人面前真的就无可挽回了吗？经济萧条真的意味着你马上就得关店倒闭吗？你永远无法确切知道未来会怎样。不要让你的思想欺骗了你。没人能准确预见未来是不是坏结局，因为未来同样可能会出现好结局。

3."标签化"思维陷阱——抽屉思维[①]

我们喜欢给各种情景、他人乃至自己贴上标签。每件事，每个人，我们都要贴一个标签。这使得我们只会从有限的角度去看世界。"他是个骗子""我的老板让人难以忍受""这个收银员真是慢吞吞的""税务局真烦人""这个世界很糟糕""生活很艰难"……我们可能会有许许多多这样的标签。

这种一概而论的判断会阻碍我们多角度地认识世界、他人和

---

① 抽屉思维：又名分类思维。人的天性是把自己所遇见的各种事物分类。人们在现实生活中用抽屉归纳整理物品，大脑也会对各种事物进行分类，就好像脑海中有无数个抽屉一样。——译者注

自己。这些标签将我们的视野局限在无足轻重的方面,使我们难以看到其他内容并积累相关经验。改变和改善几乎成为奢望,因为我们已经把所有东西都贴好了标签,整齐地装进了脑海中不同的抽屉里。

解决方案:可以使用抽屉来进行分类,但要去掉标签

这个世界很复杂,生活也远比我们所认为的复杂。每件事、每个人,都可能在任何时候发生变化。因此我们要去掉事物、他人和自己身上的标签,因为这些标签限制了我们对人对事的看法。生活真的总是困难重重吗?还是说生活中并不总是乌云密布,有艰难困苦的日子,也会有美好的日子?我们真的是失败者吗?还是说我们只是还没找到实现目标的方法?老板真的让人无法忍受吗?还是说他只是一个试图扛起重担、努力赚钱养家的父亲?我们对世界的种种标签只存在于自己的脑海中,并不适用于现实世界。

4. "过度泛化"思维陷阱——混淆部分与整体

"从不""一直""总是""一切""每个人""没有人"等词汇是不是你的常用词?你是不是喜欢从已发生的事情推导出所谓意义重大、具有普适性的结论?如果答案是肯定的,那么你正身陷过度泛化的思维陷阱。你总是把事件的一部分视为整体。比如,你在起床时撞到了膝盖,你就认为今天一定是倒霉的一天。在上班路上你的车被别的车追尾，你会认为所有的司机都是"十足的傻瓜"。如果你以过度泛化的思维方式对待生活，那么你的自我预言都会慢慢成真，因为你迫切地想要证明自己是对的。

解决方案：认真剖析一切事物

在得出具有普适性的结论之前，精确、谨慎地评价人、事、物。比如，你和伴侣吵了一架并不意味着你们的婚姻即将破裂。某一天没有好的开始并不意味着没有好的结尾。你犯了一次错，并不意味着你是失败者。不要把部分与整体混为一谈。笼统的结论往往与现实情况并不相符。

5. 情绪化思维——混淆感觉与事实

听从直觉有时候是明智的，但有时候也会把我们引入歧途。"我有种……的感觉"这样的句子可能代表着我们的直觉，也可能是引我们踏入"情绪化思维"的陷阱。在这种情况下，我们会以感觉为证据，认为自己的思维是正确的。我们会想："我的感觉如此强烈，肯定是真的。"其他可能性和任何反证都不在我们的考虑范围内。

举个例子，如果你必须要发表演讲，而在演讲开始前或是演讲过程中，你感觉有些不舒服，你会认为这证明了自己不是个好的演讲者。又比如，你会认为自己在薪资谈判过程中的不安情绪是证明老板不够友善的铁证。再比如，你会认为自己的考前焦虑和恐惧都表明自己准备得还不够充分。以下例子也是典型的情绪化思维："如果我在和丈夫聊天之后感觉身体不舒服，那一定是被他气的。""如果我心生醋意，那就意味着我的丈夫出轨了。""如果我运动过后感觉筋疲力尽，那一定说明运动对我没什么益处。"在认知事实方面，情绪是一个坏顾问，因为感觉是由思维所引发的。因此，认识在无意识中引发自身种种感觉的思维，是十分重要的。这样我们就不会把感觉和事实混为一谈。

解决方案：不夸大感觉，有意识地认识思维

正如前文所讲，思维是感觉的激发器，所以如果你开始认真观察自己的思维，你就可以跳出情绪化思维的陷阱。

当你从某一感觉推导出一个"事实结论"，把情绪作为事实依据时，你要注意观察自己的思维。当下负面的感觉与过去或未来的状况没有必然联系。感觉不是衡量现实的客观标准，感觉本身证明不了任何东西。你的思维或积极或消极地评价你的经历，从而引发你或正面或负面的感觉。你要试着寻找事实和证据。对此，你可以问问自己：为了达成一个客观结果，自己还可以考虑哪些情况？

6."个人主义"思维陷阱——视自己为宇宙中心

当你深陷"个人主义"思维陷阱时，你总是会把事情和别人的反应归咎于自己。无论发生了什么，好像都和你脱不了干系。

如果某人行为异常，那一定是因为你。如果你的团队没有实现预期目标，那一定是你的责任。如果你头顶上的天塌了，那一定是你的错。你不会想到这一切可能另有原因。毕竟在你看来，自己是世界的中心。

解决方案：离开宇宙中心

事实可能令你失望：我们不是世界的中心。很多事情都是不可控的，不是我们力所能及的。因此，我们要时刻考虑情境、事件发展和他人的行为方式是否有其他原因。我们可以问问自己：除了自己之外，还有什么原因导致了现在的情况？如果你练就一双慧眼，能够发现其他因素，你就能不再视自己为宇宙中心，转而收获一种更平静、更轻松的生活。

7. 贬低积极的事情，夸大消极的事情

在这种思维陷阱中，你会贬低积极的事情，夸大消极的事情。比如，如果薪资谈判顺利进行，你会认为自己只是走运或是正好"轮到自己升职加薪"了。如果谈判不顺利，你会认为自己不是一个好员工，不值得拿更高的薪酬。如果某人夸奖了你，你会认为这个人是一个非常善良的好人，这份夸奖并不是因为自己优秀。如果某人批评了你，你觉得这证明了自己能力不足。掉进这一思维陷阱通常是因为自我价值感较低。如果一个人认为自己的自我价值不高，那他也难以客观评价自己的作为会多么积极或多么消

极的结果。在这种思维模式下,"我非常渺小,而世界非常强大"被奉为圭臬。

解决方案:正确评判事情

当你再次遇到消极或积极的经历时,切记客观看待自己在事情发展中扮演的角色。如果事情呈现消极的发展趋势,你就问问自己:"事实上,我该承担哪一部分的责任?"如果事情呈现积极的发展趋势,你就问问自己:"我做了哪些贡献?我的哪些优势和能力推动了事情朝着积极的方向发展?在这其中,我起到了什么作用?"渐渐地,你就学会了如何正确评判事情,也增强了自我价值感。

8."读心术"陷阱——认为自己明白他人的想法

许多人认为自己会读心术,能准确读懂别人对自己的看法。当然这些看法很少是积极正面的。这些人常常会有这样的想法:"某某某在打哈欠,他一定是觉得我说的东西无聊透顶。""某某某没有和我打招呼,他一定是不喜欢我。""某某某没有回我电话,他一定是生气了。"掉入这一思维陷阱,你会完全忽略对他人行为的其他解释。

解决方案:认识到自己不能读懂他人的想法

你真的有确凿的证据来证明自己的感知没有欺骗自己吗?或者说别人的行为是否可能还有其他你不知道的原因?读心术不过

是一种幻想而已,你根本不可能读懂他人的想法。通常情况下,这种幻想只是你将自己潜意识里的想法转嫁到了他人身上。当你再次觉得自己猜中了对方的想法时,就直接问问自己:"我刚刚是不是把自己的想法投射到别人身上了?"接着问一下对方:"你刚刚是什么意思?"这个问题是了解他人真实想法的最保险的办法。

9."绝对规则"陷阱——给自己发布行为指令

在生活中,规则为我们指明道路。许多规则都带有命令式的特征,如"我必须……""我应该……""我可以……""我不准……""我不能直接……""这不是……"等。通过这些句子和信念,我们对自身以及对社会环境形成了明确的期望。但同时它们也限制着我们对世界的看法,因为我们和他人被戴上了行为枷锁,我们的信念变成了绝对规则。如果我们的期望没有得到满足,我们会感到失望、伤心,甚至觉得自己受到了伤害。

解决方案:建立自己的规则

我们无意识地从他人身上接收了大多数的生活规则,并且从未对此产生质疑。因此,我们应该再三检查自己是否使用了这些规则,或者说这些规则是否阻碍了自身发展。你可以问一问自己:"什么东西对我而言是不可辩驳的?即使世界分崩离析,什么东西对我而言是永恒不变的?"你要认真回想自己的规则,并定期检验它们是否足以成为自己的规则,对自己有没有用。这种针对现实情况的调整能把你从不属于自己或不适用于自身生活的要求和规则中解放出来。

信念是思维的护栏

清晰思维的另一个重要组成部分，是理解信念的产生和作用方式。信念是我们对自身和世界持有的深刻看法。因此，信念就像一个内在的指南针，在很多问题上都发挥着自己的作用。比如：对我们而言，何谓真实、何谓正确、何谓可能？我们怎样认识自己、认识世界？对我们而言，什么是至关重要的？是什么推动着我们前进？我们如何评价周围环境和自身经历？为什么我们会这样做，而不会那样做？

信念也是我们心理地图上的内容，正如上一章节所讲，它会为我们指明方向，深刻影响着我们的思维和认知。因此，信念描绘的不是现实，而是对现实的可能性的认知。信念体现了我们个人的世界模型，同时也显示出自身世界模型的局限性。因为我们常常会表达出自己的想法并对其有清楚的认识，所以我们的许多信念都显而易见。还有一些信念比较微妙，它们影响着我们的潜意识，像自动驾驶仪一样控制着我们的行为。

过去的日子里，我们创造出无数的信念并将其深深地刻在脑海中，这样一来，我们就在大脑里创建了一个庞大的信念库，依据各种情境不自觉地激活不同的信念。一些信念使我们更加强大，一些信念则会削弱我们的力量，限制我们的发展。强化型信念就像一个许可证，使我们能以某种方式行事。它赐予我们自由，使我们能够得到内在精神力量的支持。与之相反，弱化型信念或限制型信念就像一道禁令或限制令，会阻碍我们的个人发展。因此，信念对我们的生活有着重大影响，而我们对此往往一无所知。

让我们来看几个弱化型信念和强化型信念的例子。在阅读过程中，你可能已经发现了哪些信念是自己熟悉的，哪些信念是陌生的。

信念非常强大，维持着我们的自我破坏模式的存在，因此我们需要全面了解信念构建而成的世界。这是从妨碍自身发展的思维模式中解放自己的最有效的法宝之一。

弱化型信念	强化型信念
年老多病很正常。	上了年纪，我也能保持健康。
我太胖了。	我对我的身材很满意。
运动无异于谋杀。	运动让我精力充沛、身体健康。
我有些不对劲。	我欣然接受自己的所有优点和缺点。我现在的样子就很好。
我不是一个可爱的人。	我是一个可爱且有价值的人。

续表

弱化型信念	强化型信念
我总是做得不尽如人意。	每个人都足够优秀。
我无法坚持自己的观点。	我可以学习如何坚持自己的观点和想法。
工作完了,我才能享受轻松快乐的时光。	工作本身就可以有趣而轻松。
人们必须努力工作才能取得成功。	成功可以很简单。
我做不到。	只要是我想要做好的事,我都有可能做到。
别人比我优秀。	我对自己很满意。
我没有资格获得成功。	成功本就是我生活中的一部分。
没人喜欢我。	在我的生活中,有一些人是爱我且我也爱他们的。
人际交往是很难处理的一项工作。	人际交往使我的生活更加充实。
表达自己的情感会显得我很软弱。	我可以表达自己的情感。这是真正强大的表现。
天下没有免费的午餐。	命运女神总是眷顾我。
我无法改变自己。	我随时可以改变自我。
我总是很倒霉。	我常常很走运。

表 1-2 弱化型信念和强化型信念

大脑如何产生信念？

各种想法和信念系统都不是与生俱来的，是我们在后天的生活中，通过对他人的学习、模仿以及自身重复的经历而形成的。我们的很多限制型信念来自幼年时期父母、保育员、老师和其他影响我们成长的人以及媒体对我们的片面评价。甚至我们常常能把自己的信念与特定的人或情境联系起来。当我们还是儿童和青少年时，对自己所接收到的各种信念，我们通常无法独立决断是赞成还是反对，因此不假思索地接受了很多信念。如今这些信念对我们已无所裨益，但只要我们尚未意识到这一点，不去更新信念，这些信念就仍与我们紧密相关。

从思考者和证据论者的角度，审视信念的自我强化

随时可以改变和发展自己的信念，是我们一直在做的事情。在生活中，你已经不自觉地摒弃了成千上万的信念。新的经验使旧的信念不断进行更新迭代。试想一下，如果你有意识地调控这一过程，有针对性地培养于己有利的信念，你的生活会发生多大的变化？要做到这一点，你还需要克服信念自我强化所带来的心理障碍。

因为人体的各项组织结构都具有协调性，所以我们的行事作

风不会违背信念系统。无论如何，我们都想维护这些信念，将其广泛地应用于现实生活。因此，我们会不断删除和歪曲自己所接收到的信息，否则我们就会不断动摇信念的根基，不得不重新调整自己的世界观。大脑并不希望我们一直进行改变，因此它会不断寻找支撑现有自身世界模型和信念的证据以及参考经验。

呼吸治疗师伦纳德·奥尔博士（Dr. Leonard Orr）提出的模型说明了这其中的联系。根据这一模型，我们可以想象我们的大脑一半被思考者所掌控，另一半被证据论者所掌控。思考者会构想事物之间最为复杂的联系，证据论者负责证实这种构想。因此，当大脑的一部分产生一些想法时，另一部分就会寻找证据来支持这些想法。如果我们对某件事深信不疑，那么大脑中负责寻找证据的那部分就会不停地寻求证据来证实我们的信念。换句话说，不论是否属实，我们的潜意识一直都在想方设法地证明自己的信念是正确的。心生妒忌的丈夫会找到妻子形迹可疑的证据，脾气暴躁的老板会为自己"不得不"暴跳如雷找到一个绝佳借口，忧心忡忡的母亲会证明这个世界对自己的孩子来说危险重重。通过这样的方式，我们会不断地证明我们对事物的看法是"正确的"。

证据论者找到的证据越多，我们就越坚信自己的想法是正确的。比如，当你认为"我不够好"或"我不配取得成功"时，你的思维就符合以下模式："我的生活中有很多证据证明这一想法是正确的。我能想到很多这样的例子，所以我相信这一想法是对的。

这是不容辩驳的事实。因为过去就是这样子的，所以未来也会一直如此。对，就是这样。"你会不自觉地开始自我强化这个信念，越发坚定。当你足够坚信某一信念时，这一信念就会成为你的绝对真理，你的自我破坏心理模式将继续发展，直到你的限制型信念失去效力那一刻。

借助再构法使限制型信念失去效力

　　任何时候你都可以通过向现有的信念系统发起挑战而建立新的信念。你要不断尝试质疑自己的想法、观点和意见，而不只是反复地证明它们；你要打破自己的思维规则，而不是无意识地遵从。在这方面，"再构法"（"Reframing"）对我们有很大帮助。在德语中，"再构法"也被称为"重构法"（"Neuarrangieren"）、"再释法"（"Umdeuten"）或"新框架法"（"Einen neuen Rahmen um etwas legen"）。罗伯特·迪尔茨（Robert Dilts）是神经语言程序学的创始人之一，他认为人们可以通过再构事件之间的基础联系而改变信念。迪尔茨称这种构建新框架的技巧为"巧妙话术"（"Sleight-of-Mouth"）。这一概念借鉴了英文概念"花招；戏法"（"sleight of hand"）。

　　接下来让我们一起了解一下巧妙话术这一技巧及其实例。

再构法的类型	应用	限制型信念	再释法
意图	找出这一信念的真实意图,并重新进行解释。	我老了。	保护自己远离危险是对的。但可能我的计划不会带来危险,而会使我的生活更加丰富。
重新定义	重新定义词汇的含意。	改变信念是一件很困难的事情。	放弃已经习以为常的东西并不容易。但"不容易"并不代表全无可能。
连贯性	列出维护信念不作改变的后果。	我做不到。	如果我对自己说"我做不到",那么大脑中的证据论者就会不断证明"我真的做不到",久而久之,我将找不到自己实际上能够做到的事。
框架范围	改变自己审视问题的范围。	没人喜欢我。	全世界真的没有一个人喜欢我吗?
世界模型	从更大的角度观察世界。	我无法改变自己。	许多人都没意识到自己眼中的世界,正受限于自身的想法。
比喻	找到一个能破解一概而论的比喻。	我失败了。	如果爱迪生把他的自我价值和他失败的次数联系起来,那么他就不会发明电灯,世界将黯淡无光。
具体化	降低一个或多个层次。	如果我定价太高,没有顾客能买得起。	世界上真的没有一个人能买得起我的商品吗?
普遍化	升高一个或多个层次。	我会失败。	如果我不去尝试,那我已经失败了。
不同的结果	将这一信念与不同的结果进行对比。	我找不到更好的工作。	如果我还干着这份让我觉得不幸福的工作,那我永远不会找到能让我幸福的工作。
反例	找出不符合一般化的例外。	我没时间。	每个人每天都有 24 个小时。这段时间如何度过取决于我们自己。

表 1-3 巧妙话术

当你发觉自己受到某个或多个信念的限制，你就可以使用一个或多个巧妙话术，重新解释现有信念，构建新的信念。然而，对信念刨根问底并不总是一件易事。但借助练习、高度集中的注意力和精确的思维，你会做得越来越好，逐渐能够更新自己的限制型信念。下列培养策略会为你提供前进的动力。

★ ★ ★
清晰思维的培养策略

策略 1：鼓励自己养成自主思维，取代无意识思维

每当你发现自己正在不理性且不由自主地产生消极思想时，就试着感知这种思想及其触发因素。举个例子，当你感觉受到攻击时，尽量意识到自己的自发思维是怎样的，比如你可能会想："这个人让我很生气！谁允许他自作主张？"然后有针对性地提出一个或多个新的想法。

策略 2：削弱大脑的消极倾向

只要你不是一直回忆自己生活中的消极经历，你就可以削弱大脑的消极倾向。你可以专注于生活中美好的事情，多谈论那些让你感到开心和振奋的事情，而不是不好的事情。将大脑转为"积极倾向"，你也可以使用理查德·怀斯曼研究中的四个技巧：

◆ 每天都笑一笑。

◆ 对他人表现出善意，在他人需要时伸出援手。

◆ 对生活中的好事心怀感恩。

◆ 每天都回想一下前一天的幸运事。

策略3：确定思维的位置

想要实现自决生活，你必须掌握一项关键的能力——随时随地都能自主感知到思维的位置并有意识地引导思维。你要养成定期进行自我审查的习惯，确定思维的所在位置。在思考时、在开车时、在说话时、在洗澡时、在其他任何地方、任何时间……每时每刻你都可以做这个练习。你当下的思维是在过去、现在还是在未来？你的注意力是在细节还是在元认知？你关注的是解决办法还是问题本身？你有意识地感知到了现实世界的哪些内容？你的思维方式具体是什么样的？这种思维给你带来的感受是积极的还是消极的？在对话中，你也要关注交谈对象的思维位置。掌握了这门艺术，你就能有针对性地引导自己和他人的思维。

策略4：避开思维陷阱

你要有"我随时都有可能落入思维陷阱"的意识。对此，负面情绪往往是很好的指标。当你再次感觉不好时，仔细想想自己刚刚是否落入了下列思维陷阱：

	思维陷阱	解决方案
1	"非此即彼"的思维陷阱	"兼而有之"的思维方式
2	"灾难化"思维陷阱——消极的预言和想象	朝着积极的方向展开想象
3	"标签化"思维陷阱——抽屉思维	可以使用抽屉进行分类,但要去掉标签
4	"过度泛化"思维陷阱——混淆部分与整体	认真剖析一切事物
5	情绪化思维——混淆感觉与事实	不夸大感觉,有意识地认识思维
6	"个人主义"思维陷阱——视自己为宇宙中心	离开宇宙中心
7	贬低积极的事情,夸大消极的事情	正确评判事情
8	"读心术"陷阱——认为自己明白他人的想法	认识到自己不能读懂他人的想法
9	"绝对规则"陷阱——给自己发布行为指令	建立自己的规则

表1-4 思维陷阱及其解决方案

策略5：做一个消极信念清单

信念是生活的指南针。为了有意识地认识自己的限制型信念，你可以做一个消极信念清单。步骤如下：

①思考自己所有的生活领域，如家庭、人际关系、健康状态、运动、生活方式、事业、成功、经济状况等。你不喜欢哪些领域？原因是什么？

②在一张纸上写下每个领域中自己所有的消极信念：担忧、害怕、恐惧、曾经受过的伤害和糟糕的感受。你要毫无顾忌地发散自己的思维，抓住脑海中的一切。现在是时候全盘托出了。针对每一个生活领域，思考以下问题：

◆迄今为止，有哪些信念阻碍我实现目标？

◆哪些信念在削弱我的力量？

◆我受过哪些伤害？又因此产生了什么样的信念？

◆家庭给我灌输了什么样的信念？或者说在这一生活领域中，他人给我带来了哪些影响？

◆哪些信念对我的自我价值感产生了消极的影响？

◆哪些想法伤害到了我？

◆在这一生活领域中，对我而言什么才是真实的？

◆我体现出什么样的思维模式？是什么导致我无法摆脱这种思维模式？

你记录下来的所有内容，都体现了你在各个生活领域中形成的心理地图。你可以利用这张清单将消极的信念转化为积极的信念。

策略 6：用积极的肯定语取代限制型信念

肯定语是重构信念的有效方法，是具有积极意图的自我暗示。当我们重复使用肯定语时，它们会积极且持续地影响着我们的思维。通过这种方式，我们逐渐就能用不断强化的信念来取代限制型信念。下面是几个肯定语的例子：

◆我承认自己的优点和缺点。

◆我很知足。

◆我为自己的幸福负责。

◆我在做正确的事，而不是容易的事。

◆我尽力而为。

这只是肯定语的一小部分实例。你最好是形成自己的肯定语列表。每天早晨起床前和晚上入睡前，尽量都对自己说两句肯定语，因为意识在这时候最容易被影响，积极的自我暗示可以对潜意识产生影响。此外，在全天任何时候，每当你发觉自己的限制型信念在作祟，你都可以大声说出自己的肯定语，也可以在心中默念，或是写在纸上。

可能你一开始还不习惯使用这一方法，但练习得越频繁，你的肯定语就越能有力地说服你自己。因为你脑海中的证据论者会去寻找证据，证明肯定语是对的。肯定语会逐渐成为你的习惯并替代旧的限制型信念。

第四章
自决的第三种能力：真实的感觉

"没什么能比感觉更喜怒无常、更善变。"
——安东尼奥·马查多·鲁伊斯（Antonio Machado y Ruiz）

情绪是危险的吗？

很多人都认为感觉是一片非公开地带，因而他们往往选择控制情绪而不是表达情绪。情绪反应常常被视为软弱和敏感的表现。理性行为会得到社会的认可，但感觉却每每被"束之高阁"。因此，我们总是在他人面前装作沉着镇定的样子，表现得胸有成竹、毫无惧意，甚至一点问题都没有。假装镇定和理性会给我们带来精神压力，甚至可能导致我们患上某些疾病。那些未被释放的情绪会如何变化呢？它们并没有消失，而是潜移默化地影响着我们的身体、精神和灵魂。举个例子，在身体状态方面，情绪压抑可能会带来肌张力障碍、头痛、消化问题或循环系统紊乱等症状；在心理状态方面，我们可能会出现内心不安、睡眠障碍、精力不足、容易烦躁、注意力不集中或自卑等问题。为了使自己的状态尽快好转，我们往往会选择洗桑拿、按摩、喝酒或服用精神类药物的方法，但这些手段治标不治本，效果并不持久。因此，我们会求助于专业人士，希望他们用专业的诊断和治疗方案帮助我们。但即便如此，我们通常也难以痊愈。因为除了给伤口贴上创可贴等众所周知的简单治疗，这些专业人士往往不能为我们提供更多帮助。

保持身心健康还有一个更为养生的方法，那就是通过承认和释放情绪来进行有意识的预防。有些人沉浸于自我的精神世界和逻辑世界时会感到更加舒服、更有安全感。对他们来说，这种方法具有显著的优势。但承认和释放情绪的行为往往不会得到社会环境的赞扬。情绪化几乎被视为一种疾病。所以我们倾向于在周围竖起"感觉的盔甲"，使自己看起来是正常人。

感觉的盔甲可能会使我们患上某些疾病。要解决这一问题，我们可以将目光转向内在世界，真实地探索自己的感觉。这是因为只有在内在世界，我们才能获得力量，恢复并维持有序的情绪状态。紧紧抓住自身内在力量的人会更加健康，将情绪伤痛抛诸脑后，激发新的生命力。

基本情绪及其功能

如果我们熟悉自己的感觉,我们就能更好地理解、处理和释放感觉,避免其对我们的身心健康产生负面影响。但是,我们的感觉有不同的类型和特征,并且有不同的组合方式,这让它们不时散发出神秘的幽光,而我们既无法控制也无法理解。对此,有关研究使我们有所启发。

情绪心理学研究情绪的产生、分类及其影响人类行为的方式。有些情绪是人类感觉和情绪的基础,而这门科学确定了这些基本情绪的名称。对于基本情绪的数量,人们有着不同的看法。考虑到我们的目的,我们可以聚焦以下五种基本情绪:

◆恐惧

◆愤怒

◆悲伤

◆厌恶

◆喜悦

以上每一种基本情绪都有一个明确的功能,就是使我们自然而然地采取某种行为方式应对引发该种情绪的情境。将自己现在的心情与五种基本情绪进行比较,我们就会更加清晰地认识和理解自身的情感。我们可以学着对当前的情绪进行归类,通过积极体验来释放情绪。同时,我们要认识到所有的基本情绪都不是负面情绪。这一点十分重要。每一种情绪都使我们的经历具有意义,每一种情绪都有存在的权利,即使我们主观认为某些情绪是令人不快的负面情绪。

接下来,我们深入了解一下人类的情感世界,来更为细致地观察这五种基本情绪。

1. 恐惧——这太吓人了

在日常生活中,恐惧扮演了一个特殊的角色。这是人类发展过程中为了生存而产生的最重要的情绪之一。时至今日,恐惧也是最强的行为催化剂。原则上,恐惧这种情绪是十分有用的,因为它以保护我们远离危险为目的。然而,如果我们的思维模式和行为模式持续受到恐惧的刺激,就会导致自我发展受阻。我们会龟缩在舒适区里,不去做那些对自己很重要的事,从而阻碍自身的蓬勃发展。在本书第二部分关于恐惧的内容中,我们将深入探讨这其中的联系。

2. 愤怒——这是错的

愤怒是指示我们的价值观和界限受到侵犯的重要信号,入侵者可能是他人,也可能是我们自己。虽然愤怒给我们提供了重要的信息,但在青少年时期,我们就通过教育戒除了这种情绪。我们应该时刻保持平静、善良和乖巧。这样一来,社会秩序便得以维持：没有人捣乱，每个人都遵守规则，一切井井有条。但愤怒是行动力的重要来源，戒除愤怒情绪会弱化我们的情绪和行动能力。如果我们有意识地、结构化地使用这种强大的力量，它就能引发快速变化。对此，我们应该学着区分自己能改变什么，不能改变什么。如果我们将这种行动力放在我们能改变的事物上，愤怒就会转化为解决方案和积极行动。而对于我们不能改变的事物，我们要更包容地接受它们。

3. 悲伤——一切都结束了

悲伤意味着某件事让我们感到惊愕、震惊或失望。悲伤的功能是让我们结束某件事，但我们发现处理好过往经历并不容易。我们常常会以愤怒、攻击性、拒绝或仇恨来面对生活的挑战以及艰难或痛苦的经历。上述情绪可以出现在悲伤的早期阶段，它们的存在或许理所当然，但重要的是我们不能长期沉浸其中。如果我们想重新充满活力、找到生活的乐趣，就应当有意识地释放悲伤情绪，并以此种方式处理那些给我们带来压力的经历。举个例子，对于分手和失败等十分痛苦的经历，哭泣、寻求安慰、请求他人帮助都是有效的应对方法。

4. 厌恶——这是不道德的

首先，厌恶是一种生存本能，能够保护我们免受病原体的侵害。但如果我们认为某一行为不得体、不道德或不光彩，该行为也可能令我们引起强烈的厌恶感。哪些行为应受谴责，不同的文化有不同的看法。如果我们的厌恶感非常强烈，以至于产生极度不适，我们会想立刻转身，不再面对引发我们强烈排斥感的事或人。这种反应是很自然的，应该得到我们的认可。可见，距离十分重要，因为只有保持一定的距离，我们才能理性地看待我们所厌恶的情况并合理应对。

5. 喜悦——这是对的

对很多人而言，在这五种基本情绪中，喜悦就像马戏表演场上空的星星。我们最希望自己有喜悦这种情绪，当它降临时，我们为之欢呼、鼓掌；当它从生活的舞台上消失时，我们怀念它，想要尽快再见到它。因为这种情绪给我们带来了太多东西。我们苦苦追求的东西往往能快速带来喜悦——直接满足我们的需求，带我们摆脱消极情绪。

但就像我们已知的那样，每一种情绪对我们的心理健康都有重要的作用。因此，我们应该允许所有基本情绪存在，而不是压制它们。这样一来，我们就不会脱离整体发展，能够尽可能地打开心门。只有这样,我们才能在生活中感受到深层次的、真实的喜悦。

有意识地调控情绪

我们对情绪的影响力远比自己认为的大。我们影响情绪的最大杠杆是自己的思维。我们可以利用思维来主动调控情绪。接下来,我们就此来做一个小实验:

◆身体站直,挺起胸膛,肩膀后拉,放松呼吸。

◆思考"幸福"一词。注意力集中在这个词上,摒除其他想法。一边思考"幸福"这个词,一边有意识地呼吸。

◆在心里默念"幸福"一词。如果你想,也可以小声或大声地说出这个词。保持这个词语使你产生的想法和感觉至少30秒。

◆接下来想象一个让自己觉得幸福的情景,将自己置身于那种情景中。你在哪儿?谁在你身边?你看到了什么?听到了什么?整体上感受到了什么?回忆起了什么?

◆深入体会这一情景和自己的情绪,同时也体会自己身体上的变化。你体会到了什么?有什么感觉?

做完上述实验,我们接着做第二个实验:

◆好好抖动一下身体四肢。

◆现在站好，低下头，弯腰，向前收拢肩膀；双臂自然下垂，位于身体两侧。

◆思考"悲伤"这个词，摒除其他想法，注意力集中在"悲伤"这个词上。

◆在心里默念"悲伤"一词。接着小声或大声地说出这个词。

◆接着想象一个让自己觉得悲伤的情景，在脑海中重新体验这一情景。

◆体会自身的感受和变化。你感知到了什么？体会到了什么？有什么感觉？

在第二个实验中，你很可能感觉并不是很好，而第一个实验带给你的感觉更好。接下来，让我们换一个新的词语，继续实验：

◆再一次抖动自己的身体四肢。

◆现在站直，挺起胸膛，肩膀后拉，放松呼吸。

◆思考"自由"一词。注意力集中在这个词上，摒除其他想法。

◆在心里默念"自由"一词。接着小声或者大声说出这个词。保持这个词语使你产生的想法和感觉至少 30 秒。

◆接着想象一个让自己觉得自由的情景。你在哪儿？谁在你身边？你看到了什么？听到了什么？感知到了什么？又回忆起了什么？深入体会这一情景和自己的情绪。

◆体会自身的感受和变化。你感知到了什么？有什么感觉？

正如这个简单的实验所呈现的那样，你可以在任何时候自行激发自己的情绪，不必改变外界任何东西，只需要改变自己的姿态和思维即可。与之相应地，你能够有意识地影响自己的情感，使自己成为情绪的来源。当然，任何情绪都不应该被压抑，因为每一种情绪都有存在的合理性。但我们可以利用合适的技巧，主动调控自己的情绪状态。

有意识地塑造情绪

首先，我们要了解情绪是如何产生的，以便制定调控情绪的具体策略。美国心理学家阿尔伯特·艾利斯（Albert Ellis）的"ABC模型"提供了一个通俗易懂的说法。这一模型认为情绪是"A""B""C"等因素连锁反应的结果。"A"代表"诱发性事件"（"Activating Event"），指内在或外在的刺激。"B"代表"信念"（"Beliefs"），指评价模式、想法、观点或生活规则等。"C"代表"结果"（"Consequences"），指情绪反应和行为方式。简而言之，我们感知到某一刺激，对其进行评价，进而产生了情绪反应。情绪和认知一样，都以接收到的信息和基于心理地图而作出的个人评价为基础。

接下来让我们把这一模型运用到日常生活中的例子上，具体说明其运作方式：

◆如果一个人特别害怕生病，他会留心自己身体的每一个细小变化（A），对这些变化进行评判，认为自己很大可能是生病了（B），从而变得十分恐慌（C）；

◆如果一个人总是不满意自己的表现，他会对自己已经达到的预期结果（A）进行评价，认为自己好像还没能做到全部（B），从而表现出不满（C）；

◆如果一个非常自卑的人遭到了批评（A），他会觉得"自己毫无价值"的信念得到了证实（B），从而感觉自己真的一文不值（C）。

后来，艾利斯进一步扩展了"ABC模型"，形成了"ABCDE模型"，我们可以借助这一新模型有意识地调控情绪状态。在"ABC模型"的基础上，"ABCDE模型"新增了"D"和"E"两个元素。"D"代表"争论"（"Disputation"），指的是对自己的评价进行质疑和驳斥。"E"代表"效果"（"Effect"），指的是重构由评价而引起的思维过程和心理状态。如果我们掌握了"D""E"两个元素，融会贯通，我们就能掌握有意识地决定感知、信念和反应的能力。

在上述例子中，补充"D""E"两个元素可以将事件引发的消极情绪转变为积极情绪，如下所示：

◆疑病症患者留心感知自己身体的每一处变化（A）。但比起之前那样，认为这些变化是确凿的患病征兆（B）并且变得十分恐慌（C），他现在可以质疑这些变化是否真的是严重疾病的表征（D）。这样一来，他就可以重构自己的思维过程（E）。比如，他可以这样想："我患重病的几率不比其他人高。我可以说服自己'这只是我的一种恐惧'，我也能战胜这种恐惧。如果我真的战胜了恐惧，我就不会觉得自己备受威胁，我也能更放松地面对身体的变化。"

◆对自己不满意的人不会再认为自己取得的好结果（A）尚有不足（B），也不会再表现出不满（C）。现在他可以认真思考成功和满足之于自己的意义（D），形成能让自己感到成功和幸福的全新的心理策略（E）。比如，他可以这样想："我已经收获了生活诸多的馈赠，理应心怀感激。"他还可以改变自己对成功的定义，把尝试和对任务的坚持都看作是一种成功。

◆自卑的人可以试着不把批评（A）看作是自身缺点的证据（B），不再下意识地感到自卑（C），而是把批评视为继续发展的机会（D），并试着寻找证据证明：即使某一批评有理有据，自己也是一个十分有价值的人（E）。

这些例子表明，我们可以有目的性地重新解释事物，进而积极影响自身感受。同时，这个模型也可以帮助我们有意识地处理情绪，而非排斥或压抑情绪。下表对这两种策略进行了总结。

阶段	因素	自我局限的 情绪处理方法	有所裨益的 情绪处理方法
A	感知到某一内在 或外在的刺激	不自主地感知刺激	有自主意识地感知刺激
B	评价与信念	根据限制型模式和过 滤器自发解读情景	有自主意识地、以解决 问题为导向解读情景
C	反应	压抑、抗拒、逃避	接纳、有自主意识地做出 反应
D	质疑此前的评价	——	审视自己的内在信念
E	对此前的评价进 行心理重构	——	有意识地重构信念

表 1-5 情绪处理法——"ABCDE 模型"

当我们被负面情绪支配时

在真正处理自身感觉时,缺乏有关练习的人常常无法放下自己的负面情绪,几个小时、几天,甚至经年累月都与负面情绪为伍。佛教中有这样一个故事:

两个禅宗僧人走在朝圣的路上。途经一个村子时,他们遇到一个身穿丝绸和服的年轻女人。女人面前是一段被水淹没了的泥泞道路,她想到路对面去,但却不敢下脚。一个僧人朝她走了过去,将她背起,送到路对面,又将她放下。之后,两个僧人继续在虔诚而肃穆的沉默中前行。

此后五个小时,他们一直保持沉默。在即将抵达目的地时,另一位僧人对那位背年轻女子过泥泞道路的僧人说:"你知道的,你不该那么做。我们僧侣不允许接触女子。你真的不该那么做。"那位僧人回答道:"哦,你还在想着那个女子?几个小时之前,我就已经把她放下了。"而另一位僧人还一直想着这件事,并且带着这个负担走了一路。

就像故事中的僧人一样,负面情绪会给我们带来很大压力。我们体会着负面情绪,好像自己毫无抵抗之力,也无法控制它们。这是因为我们通常必须经历以下六个阶段,才能冲破并释放负面情绪:

否定 ▶ 抗拒 ▶ 危机 ▶ 探索 ▶ 接受 ▶ 释放

图 1-3 处理负面情绪的六个阶段

1. 否定
我们不愿承认自己所经历的事情。

2. 抗拒
我们认为自己受了委屈,变得愤怒并抗拒正在发生或刚刚发生的事情。

3. 危机
我们的痛苦达到最高峰。我们感到愤怒、悲伤、无望、绝望或是恐惧。

4. 探索
我们开始探索自己所经历的事情和感受，辨别这些感觉并承认其存在。

5. 接受
我们接受现状，原谅自己和他人。

6. 释放
我们释怀了。我们继续前行。此前发生的事情单纯地成了一段回忆。

上述六个阶段的进度因人而异。该进程取决于许多因素，比如事情的具体内容、对事情的重视程度、真实处理情绪的个人能力等。然而，只要我们的"终极敌手"——大脑处于活跃状态，我们就无法完成这一过程。

当我们受到爬行动物脑①的控制,一切就会停摆?

在情绪激动时,有自主意识地处理事情通常会变得格外困难。这时,即使是最好的模型也往往无济于事。因为当我们要应对躁动的情绪时,我们大脑中最古老的部分——爬行动物脑会变得活跃。

爬行动物脑好比电脑游戏里的终极魔王,格外强大。只有战胜它,我们才能继续发展。爬行动物脑之所以如此强大,是因为一遇到我们认为的危险情况,它就会被潜意识直接激活。即使是遇到实际上无关紧要的事,如开车时与其他车辆距离太近、陌生人的指指点点、他人的怒视……爬行动物脑也会活跃起来,为我们的对抗、逃跑或僵直反应做好准备。我们变得情绪高涨,失去对事态的主导权。在这种情况下,未加训练的大脑基本无法做到认真观察、接受和释放情绪,理性的处理方式更是一种奢望。

在触发因素引起负面情绪后,爬行动物脑会分泌压力荷尔蒙。大约 30 分钟后,我们的大脑才能不受其影响,但前提是在这段时间里触发因素不会重现。只要我们一直想着触发因素,爬行动物脑就会持续释放压力荷尔蒙。因此,对某事耿耿于怀或一再激活

---

① 爬行动物脑:来源于保罗·麦克里恩(Paul MacLean)于 20 世纪 60 年代提出的"三位一体大脑理论"。该理论根据在进化史上出现的先后顺序,将人类大脑分成爬行动物脑(Reptilian brain)、古哺乳动物脑(paleomammalian brain)和新哺乳动物脑(neomammalian brain)三大部分。其中,爬行动物脑的演化是为了确保生存,它控制生命的基本功能,如心跳、呼吸、打架、逃命、喂食和繁殖等。——译者注

它,比如一直反复谈论它,对调控负面情绪其实并没有多大帮助。一旦我们再次遇到类似的事,我们的爬行动物脑又会主动地活跃起来,释放压力荷尔蒙,使我们再次陷入消极情绪中。

在这种情况下,只有耐心等待,尝试接受现状才会对我们有所助益。

接受是处理情绪的关键技能

想要快速处理情绪、使爬行动物脑冷静下来,最重要的心理技能之一就是接受。佛教和心理疗法将"接受"视为积极面对生活、摆脱自身和他人所受痛苦的基本技能。例如,格式塔心理学有一项基本原则:"凡存在者,皆允许存在;凡允许存在者,皆可变化。"这一核心理念认为,变化的基本前提是允许存在原先的一切。在感觉方面,这意味着我们应尽可能无条件、无禁忌地面对自己的情绪,从而能够进一步改变情绪。消极地评价、审查、压制情绪会阻碍我们改变情绪。我们要形成开放的、尽可能没有偏见的态度,并将其用于情感体验之中。佛教中也蕴含着这样的智慧。佛陀有言:"痛苦生于'现有'和'应有'之间。"这句话也说明了,一切幸福都在于对现有之事的接受和对所求之事的释怀。

因此,接受自己的感觉,不抗拒、不强求是控制情绪的关键。对此,尤其是那些有逻辑性、有理性的人会点头肯定,说:"这听起来确实很有道理。接受情绪、放下情绪，让一切重回正轨。"但往往就是这些人，在情绪化时难以理解，难以接受现状。其中，很多人会细致入微地回忆过去，分析事情发生的原因、自身行为和他人行为。对所有东西，他们都想解释清楚，作出合理安排，给出符合逻辑的依据。

但是，接受并不意味着细致入微地研究某件事的起源，或是为解决某一情况而制定详细的策略。接受意味着什么都不做。尽管这一说法听起来很简单，但要领悟并将其应用到实际情况中却是极具挑战性的事。

诀窍在于容许每一种感觉、每一个想法和每一个刺激的存在，不要想着"去掉"任何一个。你可以培养自己不加判断地感知事物的习惯，从而锻炼自己的接受能力。你要意识到，你所经历的一切，本身没有好坏之分。基本上，一切事物都是中立的，是你自己的评价将它们标记为好或坏，并因此引发了相应的反应。

这样一来我们就面临一个矛盾：有意识地处理情绪，首先要求我们不影响情绪，任其存在，以便情绪能够消失。只要你抓住负面情绪不放，你就会受到负面情绪带来的伤害。所以你要牢牢记住一条自然规律：你现在的感受和想法都会消失，会有新的感受和想法代替它们。现在对你而言或重要或痛苦的一切，将来都会被永久遗忘。你要一直跟自己说："这会过去的，就像已经过去的成千上万个时刻一样。"

★★★
让感觉更为积极向上的方法

方法1：掌握感觉的主导权

借助这一方法，你可以学着有意识地处理自己的负面情绪。如果你觉得自己受到感觉"冲击"，无法释怀，你随时可以使用这一方法。

①明确你的感觉

感受你现在的感觉。回忆恐惧、愤怒、悲伤、厌恶和喜悦五种基本情绪，明确自己的感觉最接近哪一种基本情绪。

②有意识地处理感觉

你要记住：有意识地处理感觉意味着不对感觉采取任何行动，要任其存在，不排斥它们，只是感知它们的存在。

③下决心接受自己的感觉

处理情绪的第一步是下决心接受自己的感觉现状。当你完全接受了现有的东西，你就可以和它们说"再见"了。感觉想要被感受。只有当它们被允许存在时，它们才会消失。

方法2：认识感觉的暂时性

任何感觉、情绪、状态都不可能永恒不变。无论你现在的感觉如何，它都会成为过去。每一种负面感觉都会被新的体验所转化。接受你当下的感觉。全新的晴天或雨天都将到来，你很快就会再次感觉良好，也会再次感到悲伤、恐惧或愤怒。当你感到痛苦时，要不断告诉自己"这会过去"，信心满满地展望未来。你已经用自己的实际行动无数次地证明：无论发生什么情况，你都能处理好。与其在情绪方面自我折磨，你可以有意识地问自己："我怎么做才能让自己感觉更好一些？听音乐、散步、和朋友聊天或者短期旅行对我有没有帮助？"要找出适合自己的方法并加以应用。

方法3：建立自己也可能出错的意识

当你因为他人的行为而难受时，你应该检查一下，自己对事情的理解是否正确。他人批评了你、爽约或是干脆不理你都可能让你感到难过。这时候，你要意识到事情不一定是你所理解的那样。可能那个批评你的人本意是想激励你前进，只是没找到恰当的表达方式。某人爽约，可能是因为他遇到了必须赶紧处理的事。某人不理你，可能有无数个与你无关的原因。如果你很难从其他角度理解所遇到的事情，那你可能掉进了我们在上一章节提到过的思维陷阱，你需要检查一下自己的想法有无逻辑错误。这样你就可以学着从其他角度理解事情，感觉也会自动好转。

方法4：让你的感觉立刻好起来

如果你想立刻放下那种让你倍感压力的感觉，以下技巧可以帮到你：

◆向上伸展双臂；

◆目光也随之向上；

◆上下移动自己的目光，完成六个来回，同时大声喊出或在心里默念"哈哈哈哈哈哈"。

重复第三项，直到你感觉自己好起来了，甚至可能笑出声了。借助这一技巧，你的负面感受根本不会持续太久。

方法 5："查理·布朗技巧"

除上述技巧外，"查理·布朗技巧"也能帮你快速摆脱紧张的感觉：

①改变自己的身体姿态

直起身来，向后沉肩，抬起下巴。

②调控自己内心的对话

以赞赏、自信的语气和积极正面的词汇，谈论那些引发自身负面感受的人或事。

③转移自己的注意力

将思维转移到新事物上。问问自己：哪些事物现在会使自己感觉良好？自己可以把注意力集中在什么东西上？越来越多地养成这样有意识地去想的习惯。

方法6：通过提问摆脱情绪的负螺旋状态[①]

提问的质量决定了思维的质量，从而决定了你的感觉。如果你问自己一些面向未来、以解决方案为导向的问题，你就可以摆脱任何情绪上的负螺旋状态。诀窍就是问自己一些问题，这些问题必须能立即给你带来不同的想法，从而产生不同的感觉。

现在你思考一个问题或是想象一个让你感到紧张的情境，然后回答以下问题。你最好将答案写下来。

- ◆这件事对我而言有什么意义？
- ◆我是怎样处理的？
- ◆我还可以采取哪些处理方式？
- ◆若要按照上述方式处理，我必须怎样思考？
- ◆若要赋予这件事其他意义，我必须怎样思考？
- ◆这个问题／情境有什么正面内容？
- ◆遇到深受这一问题困扰的人，我会给出什么样的建议？
- ◆我可以从中学到什么，以备不时之需？
- ◆我现在能做些什么来改善现状？
- ◆谁或者什么东西可以帮到我？

[①] 负螺旋状态：顺时针拧动螺丝，螺丝就会被越拧越紧，这便是"正螺旋"，反之就是"负螺旋"。这一套物理学概念后被引入教育学、心理学等其他领域。"正螺旋状态"代表很有自信心、成功感的心理状态；相反，"负螺旋状态"代表缺乏自信心、上进心的心理状态。——译者注

方法 7：远距离审视事物

当你感觉受到限制，想要从不同角度审视事物时，可以想想那些助益良多的信念，换一个角度审视自己的经历。这些信念是积极看待事物和生活的真正宝藏：

◆ 凡事都有好的一面。

◆ 事情有可能比现在还要糟糕。

◆ 过两年这事儿就不重要了。

◆ 谁知道事情会有什么结果？

◆ 人生本就是一场豪赌。

第五章

自决的第四种能力：恰当的言语

"我的语言的界限意味着我的世界的界限。"
——路德维希·维特根斯坦（Ludwig Wittgenstein）

语言的魔力

语言具有强大的力量。通常我们只把语言当作沟通工具，但实际上它的意义远不止于此。

语言能使我们理解他人，也能使我们被他人理解。我们借助语言来思考、理解、评价、作出反应。语言会转移我们的思维焦点，调节我们的行为，使我们形成意象，产生感觉。我们借助语言回忆过去、想象未来。

语言也揭露了我们的性格。如果我用几分钟的时间认真听你讲话，我很快就能知道你是什么样的人，因为你的用词、语法、句子结构、语言结构和内容透露了许多与你相关的信息。你的语言透露了你是什么样的人，条理清晰还是逻辑混乱，懒惰还是勤奋，自信还是自卑，渴望安定还是向往自由。你的语言也会告诉我你有什么样的信念和价值观，你害怕什么、担心什么，你的世界模型的界限在哪里，你会怎样自我设限。只要认真听你说，就能了解这些信息。

虽然语言具有不可思议的力量，但是大多数人都在无意识地使用语言。如果每个人都提高自己的语言能力，开始有自主意识地使用语言，那我们的世界将会更加和谐。

提高语言意识

语言意识高的人拥有一项十分重要而宝贵的能力——他们能够高度精确地使用语言。他们的语言风格清晰、主动、积极、以目标为导向。他们所说的每一个字都经过了深思熟虑。他们知道如何使用符合听众心理地图的词汇，从而更好地影响他人。此外，他们擅长猜测说话人未宣之于口的意图，因为他们能通过准确提问得到自己想要的答案。他们是很好的听众，能够通过语言激励自己和他人。他们会明确地表达自己的关切和需求，同时保持友好、平易近人、积极的风格。

他们是成功的沟通者，而我们又能从他们的语言中学到什么?

提高了自身的语言意识,我们就能更清楚地表达自己的观点、更高效地沟通、更好地理解和说服他人、更快更容易地取得自己想要的结果。通过提高五项基本语言能力,我们可以提高语言意识:

◆精准用词。
◆了解语言在思维中的形成过程。
◆建立"人人都有不同的心理地图"的意识。
◆认识到自己心理世界中的对话。
◆掌握正确提问的能力。

用词要明智,因为语言会引发我们的感觉

语言能引发我们的联想、意象和回忆,因而会直接影响我们的感觉。无论我们是在和他人对话、阅读文章还是自言自语,大脑都必须处理我们接收到的每一个字。这样一来,语言就会形成,就能释放、限制或是削弱我们的能量,使我们进行自我激励或自我恐吓,使我们意识到自身价值或感觉自己被重视,能传递希望,也能在一瞬间毁灭希望。

对此,我们来做一个实验。我想请你看几组词语,请你认真体会这些词语带给自己的感觉。你可以默念词语,也可以大声读出这些词语，后者会产生更强的效果。

请体会下列词语带给自己的感觉：

◆ 简单、轻松、紧张、令人兴奋、鼓舞人心

◆ 喜悦、勇气、希望、自由

◆ 信任、保障、安全、爱

在读上述词语时，你有什么感觉？

接下来，我们再来看看另一组词语。请你再次注意体会这些词语带给自己的感觉：

◆ 艰难、愚蠢、大喊、卑鄙、无情

◆ 不满、厌烦、愤怒、恐惧

◆ 冲突、孤独、贫穷、战争、仇恨

你现在感觉怎么样？此时的感觉可能与第一组词语带给你的感觉不同，原因就在于语言能把我们带入积极或消极的情绪状态。正因如此，精准、有自主意识地用词至关重要。

语言影响着我们的大脑结构

语言就像子弹，一旦射出，就无法收回。它们无可避免地会传到接收者那里，对其产生直接影响。正因如此，练习精准用词非常重要。

同时，语言还具有长期影响。对此，神经学家和沟通专家

安德鲁·纽伯格（Andrew Newberg）和马克·罗伯特·沃尔德曼（Marc Robert Waldman）有令人惊讶的发现：语言确实能够改变我们的大脑结构。在其著作《共情沟通的力量：言语如何改变我们的生活》(*Die Kraft der mitfühlenden Kommunikation: Wie Worte unser Leben ändern können*) 中，他们描述了语言是如何持续地影响大脑。我们围绕一个词所展开的联想会使大脑的特定区域活跃起来，激活相应的神经元。我们越频繁地使用某些词汇，由它们所激活的大脑区域就会有越明显的变化。例如，研究人员证实，我们的语言对丘脑有长期影响。丘脑是大脑的组成部分，被称为"通往意识的大门"。丘脑会过滤我们所接收到的信息，评价信息对当时的我们而言是否重要，从而决定是否将其传递到大脑皮层，进行有自主意识地处理。丘脑的变化也会影响我们对世界的认知。

如果我们拥有积极乐观的语言风格，我们就会反复激活支持我们自我决断、自我负责的大脑区域。当我们使用积极的动词，如"尝试""创新""创造"等，我们会激活有关行为动力的大脑区域，提高自身竞争力，对行动力产生积极的影响。

与之相反，消极的言语会刺激大脑释放压力荷尔蒙，降低我们与情境相关的逻辑思维能力和自主行动能力。我们倾向于谈论问题而非解决方案、失败而非经验教训、阻碍而非机会。我们越是这样，潜在的信息传输神经网络就会越强大，也因此加强了大脑的消极倾向。

由此可见，真正成为积极的自我还是消极的自我，语言是关键所在。正因如此，有意识地控制语言风格十分重要。

使用积极的用词加强人际关系

当我们提高自身语言意识，更多地使用积极而非消极的词汇时，我们的沟通能力也会提高。正如我们所看到的那样，我们可以通过对词汇的选择和使用激活他人的思维和感觉，从而转移谈话焦点。举几个例子，当我们用"我没有正确表达自己的想法"代替"你误解了我"，我们就将焦点转移到了自己身上，避免让对方觉得是他做错了。"我没问题"这句话会把我们的注意力引导至"问题"一词。即使没有问题，他人的大脑也会首先处理"问题"这一概念，接着才完成"一点问题都没有"的信息传送。而用"我绝对没问题"则会将注意力吸引到当前情况中积极的方面。"我有一个坏消息"和"我有一个不是很好的消息"这两句话给人的影响是完全不同的。当我们觉得某件事很好时，我们常说"这一点儿都不坏"或"我没什么意见"。对此，我们可以有更积极的表达，比如"这很好/很棒/棒极了""我很喜欢""我备受鼓舞"，这样一来大家都不必处理"坏"或"意见"等词语。

相比于消极的用词，积极的用词会更少刺激我们的爬行动物脑，因而我们的沟通往往会更为顺利。

消极用词	积极用词
这是错的。	我对此有不同看法。
必须这么做吗？	你能先停一下吗？
我害怕……	可能会出现这样的情况，但也可能不会出现。
今天不要再做这件事了。	我更想明天做这件事。
事情不是这样的。	在我看来……
我有一个问题。	我希望我……

表 1-6 消极用词 vs 积极用词

说话人的意图已经全盘托出了吗？
从语言的表层结构和深层结构来看这个问题

误解对我们日常生活中的沟通有很大影响。在生活中，有多少次我们认为自己知道他人想说什么，并根据自己的理解而非他人的实际意思作出了回应呢？语言的表层结构和深层结构的概念，能帮助我们理解为什么我们经常沟通失败。

我们的所思和所言之间常常隔着千山万水。语言永远只是高度简略地描述我们内心的想法。举个例子，如果某人说"我彻底被压垮了"，其实这个人有无数的想法、感觉和经历，正是这些东西导致其被压垮。如果他要与我们分享自己心里的一切，那将是一段漫长的,甚至长达几天几夜的独白。对方所有的心理过程和信息构成了语言的深层结构,但是要表达其核心内容,一句"我彻底被压垮了"就足够了。这句话就是语言的表层结构。

在我们的内心世界和所表达的内容之间到底有什么?当我们说话时,我们总是不自觉地经历三个转化过程:我们对信息进行概况、删除和曲解。这样一来,我们就从语言的深层结构(我们的思考、感觉、经历)来到了语言的表层结构(我们实际所表达的内容)。因此,我们的语言与我们内心的真实经历没有多大关系。听众会经历与我们相反的过程。对他们来说,我们所说的内容是表层结构,他们将其转化入自身的深层结构中。如此一来,我们常常答非所问就不足为奇了。

让我们仔细看看我们一直在经历的语言转化过程:

1. 概括信息

概括是一个学习的过程。因为我们能从部分推断出全局,所以我们可以得出概括性的结论,指引我们处理生活中的各种情况。比如,如果我们曾被熨斗烫伤,那我们一般不会再有类似的经历。因为我们会对这一经历进行概括,得出"当我们触碰温度很高的东西时,就会被烫伤"的结论,并将这一信息储存在自己的心理地图上。

但有时我们也会把互不相关的东西总结到一起,因而我们的结论也可能是错误的。比如，如果我们曾经被狗咬伤，那我们可能很快就会概括得出"所有的狗都很凶，都会咬人"这一结论。错误的概括也常常会让我们产生限制型信念。我们可以通过绝对化陈述识别此类不准确的概括，如"每个人都知道""没人喜欢我""这个世界处处都有危险""你从来不听我的话""你总是这么做"等。这些绝对化的概括很少有正确的，因为它们没有以现实为基础。

2. 删除信息

删除信息指的是我们会完全忽略某些信息。这样一来，我们只会感知到对我们而言有趣、重要且相关的信息，避免持续接收过多刺激。因为我们能删除信息，所以我们可以在满是人的房间里打电话或是在火车上看书。

删除信息也有缺点，它会使我们注意不到与周边环境相关的部分细节。此外，通过删除信息，我们会对交谈对象隐藏部分信息，让他们不得不独自将整个信息补充完整。比如，当我们说"我必须在明天之前完成"，我们就隐藏了两个信息：我们必须完成的任务以及没有完成任务的后果。我们可以这样说，以表露语言深层结构的更多信息："我必须在明天之前做完报价，否则会令我的顾客感到失望。"当他人说"我不喜欢我的老板"，对方删去了他不喜欢老板的原因。相比之下，"我不喜欢我的老板，因为他暴躁易怒"这一说法则提供了更多的信息，但绝不是全部的信息。

3. 曲解信息

当我们曲解信息时，我们会改变信息某些方面的内容，使其符合我们的心理地图。这项能力十分宝贵，因为我们可以通过这一过程增强自己的创造力和创新能力。通过对信息的重新解释、自由解读，使其形成全新的联系，就可以将已经存在的东西转化为新的东西。比如，我们可以创造艺术作品、构建新的商业模型或开创新理念。

当我们曲解信息，并因此形成对现实的错误认知，限制自身的行动选择时，曲解信息的缺点就暴露无遗了。尤其当我们透过自身限制型信念组成的有色眼镜去看待新信息，并主观解读信息时，曲解信息就会产生负面影响。比如，如果我们被爱人放了鸽子，我们的直接推断是他可能并不像其所说的那样爱我们。我们因此会歪曲客观上可以得到的信息，比如他可能遇到堵车了，或者手机没电又忘记带充电器了，因而没法给我们发消息。

语言的元模型[①]能避免误解

正如我们所看到的那样，语言的三个基本转化过程常常使我们的日常沟通出现严重的误解。

---

① 元模型：关于模型的模型，关注模型本身的属性。

因此，语言学家阿尔弗雷德·科日布斯基（Alfred Korzybski）和诺姆·乔姆斯基（Noam Chomsky）提出了"语言的元模型"。该模型旨在使语言摆脱错误形式，通过有针对性的提问，尽可能地揭示所说内容的深层结构，进而使对话双方能够确定彼此都在谈论同一件事，避免答非所问。

语言的元模型具体包括以下内容：

◆违背元模型原则的内容目录。该部分说明了概括信息、删除信息和曲解信息产生的语言模式。

◆问题目录。这些问题一方面表明了语言的错误形式，另一方面会激发说话人的搜索过程，由此他能够更好地自我理解和自我解释。

在辅导和治疗过程中，语言元模型的应用是日常实践的一部分。熟悉使用这一模型会给日常沟通带来惊人的效果。接下来，让我们了解一下语言元模型都包含哪些问题。这些问题类似于记者为了准确了解事实而提出的问题：

◆到底是什么？

◆到底是谁？

◆到底是怎样的？

◆到底在哪里？

◆到底是什么时候？

◆到底怎么做？

只要把提问词和"到底"这个词联系起来，我们就可以破译谈话内容的深层结构的大部分并对其感同身受，因为对方会通过我们的具体提问而搜寻自己心底的真实答案。

借助简单的沟通规则，我们就可以练习使用元模型。听到对方的话，我们可以不立即就作出反应，而是暂停一下，问一句"你到底是什么意思？"根据情况需要经常重复这句话，就可以发现深层结构中的很多信息，更清楚地了解实际上被隐藏起来的信息，避免误解。

让我们通过几个例子来看看语言元模型的具体问题，是如何帮我们发现更多信息，避免误解的。

可用的元问题	例句
这让我很生气。	到底是什么激怒了你？ 到底是谁激怒了你？ 这个人到底是怎么激怒了你？
我知道你现在在想什么。	你到底是怎么知道这一点的？ 我到底在想什么？

续表

可用的元问题	例句
我的老板不重视我的工作。	你到底是如何发现这一点的? 你这么说,到底是什么意思?
我的老公/妻子需要关注。	你到底是如何发现这一点的? 关注对你的老公/妻子而言,到底意味着什么? 到底是在什么时候,你的老公/妻子要求得到关注?
这是错的。	这一错误到底是对谁而言? 到底为什么这是错的?
我总是走霉运。	你到底是怎么一直走霉运的? 在你的生活中,有没有哪一刻你是幸运的? 你现在真的在走霉运吗?
人们不会这么做的。	到底是谁不会做什么? 到底是谁这么说的?

表 1-7 合适的元问题从表层结构引导深入至深层结构

七个增强语言能力的沟通技巧

下列沟通技巧可以使你的用词更加精确,提高你的语言意识和自我效能感。

1. 用"我"代替"人们",对自己所说的内容负责

你有没有注意到,当周围的人谈论起自己的事情时,他们常常说"人们"?我们常常听到这样的话:"人们应该知道这些事""人们不可能拥有一切""人们应该……"

人们之所以说"人们"而不是说"我",是因为他们会对某些东西产生消极的联想,因而不自觉地想要与之保持距离。他们与自己所说的内容保持距离,就好像这些事情与他们无关。这会使他们不自觉地产生更好的感觉,但也会阻碍他们掌握生活的主动权。每一句带有"人们"的话都会使相关的行动责任感无影无踪。每当有人说"人们"而不是"我"时,从字面来看,他对自己所说的内容不必负责。

如果我们坚持使用"我"代替"人们",那我们所说的东西就与我们自己有关了。"人们"会疏远我们与所说内容之间的关系,"我"会使所说内容更接近于我们的本意。你可以观察一下,看看自己使用"人们"一词的频率如何,有意识地用"我"代替"人们"。你可能会对自己频繁使用"人们"一词感到惊讶。

2. 用"另外"代替"但是",加强人际关系

无论是在工作中还是在私人生活中,当我们在讨论中使用"另外"代替"但是"时,都会因此而取得好的效果。"但是"一词会否定此前所说的内容。如果你对某人说"你做得很好,但是还有些不足之处",在对方听来就是他有不足之处。原本所取得的成功完全沦为背景板。只要你把"但是"换成"另外",这句话就会带来全新的效果:"你做得很好,另外有些地方还能做得更好。"对方听了就会觉得自己受到了重视,同时也明白你对他有更高的期望。"我喜欢你,但是我不能接受你的观点"与"我喜欢你,另外我有不同的观点"会给人不同的感觉,"你是对的,但我想试试别的方法"和"你是对的,另外我还想试试别的方法"带来的效果也不一样。

当你想说"但是"时,试着多多使用"另外"这个词。虽然一开始你可能觉得不习惯,但很快你就会发现,你的谈话因此更加和谐,与他人的关系也更加牢固。

3. 有意识地框定我们的经验

正如我们所看到的那样,思维会转移我们的注意力,围绕我们的经历创建一个框架。这同样也适用于语言。接下来,请你阅读下列含有"但是""虽然"和"另外"等词语的例句,体会它们带来的感觉有何不同:

◆我实现了我的目标，但是这很辛苦。

◆我实现了我的目标，虽然这很辛苦。

◆我实现了我的目标，另外这很辛苦。

上述句子分别会让我们的注意力放在同一事件的不同方面。第一句话会让我们关注实现目标的过程有多么辛苦。第二句话会把我们的焦点引向"目标实现了"这一结果。第三句话中的两项内容是平等的，没有等级高低之分，我们的关注点也没有偏向。这是不是很神奇？同样的事情，但每句话中，我们对它的看法是不同的。句子中的侧重点虽然只有微小的不同，但它们会导致我们以及我们的交谈对象对同一事件出现不同的认知、理解和反应。

4. 运用"还"这个小词语的非凡力量

"还"这个不起眼的词语蕴含巨大的力量。当你说"我不会做这个"或"我不擅长这个"时，都是在对你的能力进行绝对的判断。如果你不这么说，而是说"我还不会做这个"或"我还不擅长这个"，事情突然就有了转机：你自认为做不到的事突然就变成了你可以学会的事情。

你要注意自己在什么时候会对自己的能力或行为给出限制性陈述。然后，你可以直接在句子中加入"还"。你会惊奇地发现这个小小的词语带来了多大的变化。

5. 用"我可以""我将要""我决定"代替"我必须"

在生活中,"必须"这个词如影随形地陪伴着我们,比如"我明天必须去上班""我必须做好报税单""我必须让孩子们上床睡觉""我必须做完这件事"。

只要我们使用"必须"一词,我们就会给某件事附加上消极的隐含意义和负面的感觉。但是,没人逼着我们去工作,我们这么做是为了保障自己的生活水平。我们不必非得做好纳税单,这么做只是为了不被税务局处罚。同样的,我们想要让孩子们上床睡觉,只是因为希望他们有足够的睡眠。在面对每一个阻碍我们进步,使我们疲惫不堪、筋疲力尽、怒发冲冠或心力交瘁的艰难挑战时,我们都可以反复提醒自己:我们想要这么做。只是有时我们不喜欢这么做罢了。

为了肯定我们的决定,将自己从对任务的反感中解脱出来,我们可以使用"我可以""我将要""我决定"来代替"我必须"。现在请你试一试,看看下列句子对你有什么影响:"我明天将要去上班""我决定做好报税单""我可以让孩子们上床睡觉""我将要做完这件事"。相比于之前带有"必须"的句子,这些句子可能会让你感觉更轻松、更自由。

使用这类表达是一种非常有效的方法,因为它会把我们的注意力转移到选择的机会上,而不是局限在行动的限制上。

6. "我不能"还是"我不想"？

那些说"我不能"的人，其实是在说"我不想"。不能做某事其实是一种选择。总有一种方式能实现我们的目标，只是这种方式对我们来说似乎很艰难、很辛苦。当你想说带有"我不能"的句子时，比如"我不能集中注意力""我不能对这个人这么好""我不能打理好自己的钱财""我不能表现自己的感受"，可以有意识地用"我不想"代替"我不能"，比如"我不想集中注意力""我不想对这个人这么好""我不想认真打理自己的钱财""我不想表现自己的感受"。这样一来，你就会对自己的选择负有责任。

7. 提出富有能动性、有目的性、面向未来的问题

每一个问题都会自动引导我们的大脑去寻找答案。问题的表述方式不同，我们随之产生的想法和行为也不同。遗憾的是，我们通常倾向于进行阻碍式提问，将我们的注意力转移到问题及其原因上，而不是聚焦于解决方法和可能性。

特别是当某件事没有奏效或者当我们失败时，我们就会问自己这样的问题："为什么这没有奏效？""为什么我在阻碍自己进步？""为什么实现目标这么艰难？""为什么这样的事总发生在我身上？""为什么我没想到这一点？""为什么我不能成功？"每一个问题都会引导我们去寻找答案，会为我们的不成功找到很多原因。当这些问题有所改变时，我们会因此而走得更远。什

么样的问题能帮助我们更接近自己的目标？答案是，带有"什么""怎样"的问题效果更好。这类问题会把我们的注意力转移到问题的结构上，使我们能从其他角度看问题，寻找解决方案。比如：

◆什么方法我还没试过？

◆我可以怎样做？

◆我怎样才能实现我的目标？

◆我还可以怎样行动？

◆为了实现目标，我能做什么？还可以做什么？还有什么？

这些语言学技巧可能一开始会让你觉得有些不习惯。在你刚开始有目的地使用这些技巧时，有这样的感觉很正常。但这样处理语言的好处很快就会显现出来。

★ ★ ★

清楚的语言表达的培养策略

策略1：提高你的语言敏感性

通过在说话时仔细听自己的声音，来提高对自己语言的认识。当你要进行一场谈话时，有意识地站在上帝视角，观察你用了哪些词汇？它们更多是积极的词汇还是消极的词汇？"人们""必须""不能""实际上"等词,你的使用频率如何?想一想自己还可以如何表达。将越来越有自主意识地选择用词作为自己的目标。

策略2:认识交谈对象的语言结构

从仔细认识他人的语言结构开始。在谈话中,你也要站在上帝视角,专心听对方讲话。对方用了哪些词汇和表达?他提出了什么问题?他是否出现了思维跳跃?他是怎样谈论自己的?你也要注意,你是否从对方所说的内容中推断出了他没有提及的内在联系。

策略3:改善你与他人的沟通

你要不断提醒自己:语言是不完整的,人们所说的一切内容只反映了其本意的表层结构。在谈话中,你要有意识地使用语言的元模型,通过提出以下问题获得更多有关语言深层结构的信息:

◆ 到底是什么?

◆ 到底是谁?

◆ 到底是怎样的?

◆ 到底在哪里?

◆ 到底是什么时候?

◆ 到底怎么做?

如果对方厌烦了你一波接一波的问题，你可以向他解释语言的结构，进而拓展他的心理地图。

策略4：有意识地使用"但是"一词

试着更有自主意识地使用"但是"一词。当你想说"是的，但是……"时，就用"是的，另外……"这一表达来代替。比如，在讨论问题时，你并不认同他人的观点，你可以说"这是一个有趣的观点，另外我想……"。这个小小的改变不会打断你们之间的沟通，反而会为你们架起沟通的桥梁。

你也可以使用"但是"一词来软化你先前所说的一些内容。举个例子，"我本来可以那样做的，但是这样也可以"，这句话能有意识地将注意力转移到"也可以"的内容上，而不是单纯陈述你本来可以那样做。

策略5：更多使用对自我负责的语言

通过使用以下沟通技巧，越来越多地使用对自我负责的语言表达：

◆ 尽量用"我"代替"人们"；
◆ 在针对非常困难或看起来不可能的事物的表达中加入"还"；
◆ 有意识地用"我决定""我将要""我可以"代替"我必须"；
◆ 用"我不想"代替"我不能"。

策略 6：利用问题的力量实现积极向上的生活

利用问题来积极影响你一天的进程。每天早晨你都可以问问自己：

◆ 我可以因生活中的什么东西感到幸福？

◆ 我可以对什么心怀感激？我在生活中收到了哪些馈赠？

◆ 我今天可以对什么满怀热情？什么会让我激动和兴奋？

◆ 我想要实现什么目标？我今天可以为此做些什么？

策略 7：坚持一个星期只对自己说正面的内容

删除你的字典中所有关于你自己的负面词汇，坚持一个星期。如果你的脑海中浮现出一个负面的词汇，就立即重新措辞。当你没有立即完成某项任务时，温和地对待自己，不要谴责或辱骂自己。当你自言自语或要谈论自己的事情时，多多选择积极正面、能引起共情、能体现出重视自我的词汇。

第六章
自决的第五种能力：果断的行动

"安逸之心面前，没有累人的事。"

——佚名

使用积极的行动模型，实现目标

决心是一种任何反对力量都无法与之抗衡的力量。如果我们有决心，我们就会找到实现目标的方法。积极的行动模型包含了三个模块的内容，它们会使我们果断行动，调整我们的行为，直到实现我们的意图。当我们应用这三个模块内容时，就会形成一个能够自我强化的机制：使用得越频繁，我们就越好。

让我们详细看看积极行动模型的三个模块。

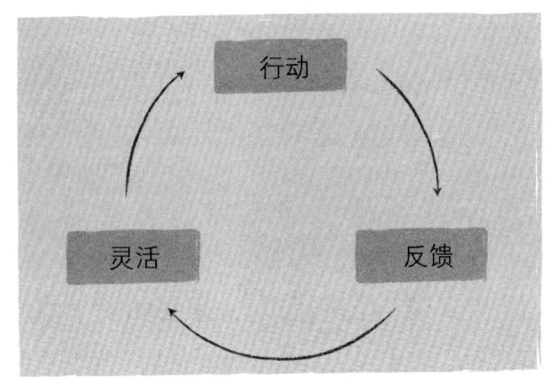

图 1-4 积极的行动模型

第一模块：开始行动

1. 确定你的具体目标

果断行动的必要前提是了解自己的目标。这听起来很简单，但很多人通常都难以确定自己的目标，却很清楚自己不想要什么。比如，我们可能有诸如"我不想一个人待着""我不想我的老公那样对我""我不想被这个让我不幸福的工作束缚"等想法。然而，我们通常不知道自己想要什么。

如果我们想果断地采取行动，就应该清楚我们的具体目标是什么、如何判断我们已经实现了这一目标。这和开车一样：当你坐上驾驶座并发动了汽车，你就应该知道你想去哪儿。如果你想的是"我想去柏林"，即使你遇到绕行、禁行、堵车等问题，你也很可能成功到达柏林。但如果你想的是"我不想去汉堡、科隆、慕尼黑或法兰克福",然后就开车出发了,这难道不是很荒谬吗?另外,我们必须用积极的方式表达目标,这样才能实现目标。否则我们只会远离自己不想要的东西,却没有真正的前进方向。下面的表格包含了一些积极表达目标的例子:

消极表达目标	积极表达目标
我不想深陷激烈的竞争。	我想要过一种自我满足的生活,我可以通过以下事情体会到这种生活:_____(自己的例子)。
我不想一直这么紧张。	我想学着有意识地自我放松。
我不想做一份无聊的工作。	我想要一份我喜欢且适合我的工作,比如_____。
我不想一直待在家里。	我想要培养一项兴趣爱好,借此可以和志同道合的人一同交流,更确切地说,是_____(自己的例子)。
我不想贫穷且孤独地死去。	我想开通一个存款账户,开始为自己的晚年生活存款。这样一来,等我老了,我也能和自己的老伴儿幸福生活。

表 1-8 消极表达目标和积极表达目标

一旦你明确了自己的目标,你就可以将其付诸行动。为此,你需要行动的第二个要素:动力。

2. 如何培养巨大的动力

很多人都期望能从某个地方获得动力，支持自己完成一直以来想要做的一切。但现实是，动力总是很快就燃烧殆尽，我们的安逸之心又占了上风。类似"其实我本应该……"的想法会再次掌握生活的主动权。然而，"应该"这个词只是"不要积极行动"的另一个说法。你不能只是躺在沙发上，等待动力出现。你可能还觉得自己之所以没有开始行动，是周围环境的责任，是因为恐惧或自我怀疑而不能采取行动。你甚至可能一开始热情满满，但这热情很快就消散殆尽。

只要你还是这样的状态，不改变以往的模式和习惯，你将永远深受其害。只说"我应该……"而不立即采取行动的人永远也实现不了自己的目标。原因在于"动力－行动漏洞"。这一漏洞存在于行动的愿望和实际行动之间。励志演说家梅尔·罗宾斯（Mel Robbins）如此描述这一漏洞："如果从你下决定到实际采取行动的时间超过五秒钟，你就不会去做了。"

你可能会在晚上下一百次决心，第二天就改变自己的生活。但是经过漫长的一夜，第二天一早你已经没有动力去实现目标了。如果你想要实现某一目标，无论你是否感觉得到自己内心的力量，你都必须依靠这股力量，直接行动。无论是运动员、商人还是演员，没有哪个成功人士总是有积极行动的兴趣的。但与非成功人士不同的是，成功人士无论如何都会去做。对他们而言，目标比舒适安逸更重要。

我希望你可以记住下面这个非常有效的激励方法，规划好自己的生活。该方法的详细内容如下：

①从5倒数到0；

②耸耸肩；

③对自己说"这没什么"；

④开始行动。

这样你就可以克服"动力–行动漏洞"。当你再想做点什么时，无论是早晨闹钟一响就起床，完成某一项工作，还是开始跑步锻炼，你都可以从5倒数到0，耸耸肩，说"这没什么"，然后毫不犹豫地开始行动。

第二模块：反馈的宝贵价值

"没有失败，只有反馈"是神经语言程序学模型的基本前提之一。如果我们将这一前提内化于心，它就会将我们从"尽可能避免出错"的思维习惯中解放出来。因为如果我们把通常被称为"错误"的东西视为"反馈"，那它就会推动我们的生活向前发展。反馈使我们有机会了解隐藏在事物背后的东西。目前我们大多难以做到热情地接纳错误，并将它们理解为告诉我们必须修正行动的反馈；更多时候，我们犯了错就会感到沮丧或愤怒。

对此，建立对反馈的意识能帮助我们解决这个问题。我们可以建立这样的意识：反馈是一种基本的纠正措施，在生活中随处可见。许多系统通过前进、记录和不断修正路线偏差来实现目标。比如，飞机从来都不是准确地沿着航线飞行，而是通过不断修正偏差来到达目的地。传感器会持续告诉飞行员，飞机此时是否偏离航线。借助这些反馈机制，飞行员可以不断纠正飞行方向，以便最终成功降落在目标机场。

因此，错误只是一个信息，告诉我们距离预期目标还有多远，它有时甚至是我们找到针对性解决方案的基本前提。错误不仅表露出我们偏差程度有多大，而且还显示出达成目标所必需的调整。当然，只有当我们有选择的机会并能灵活适应当下的情况时，将错误视为反馈才会对我们的行动有所裨益。因此，灵活是积极行动模型的第三个模块。

第三模块：灵活

不管怎么做还是处处碰壁——你有过这样的感觉吗？如果有，那你可能还不够灵活，不能根据反馈适时地、有针对性地进行调整。

如果我们一味地按照某种方式行动或反应，那我们将一直得到相同的结果。但为什么我们会如此坚定地按已知的方式行事呢？这当然是出于我们的自我保护心理。行为僵化的人不会自发地思考或行动。所有的计划已经在他们的脑海中了，每一项行动和每一个结果都是确定的。这样就不必承担任何风险，可以在现有基础上放松休息，不必因犯错而暴露弱点，也不必因此而退缩。当一切都按计划进行时，我们会感觉很好。

缺乏灵活性表现为：紧紧抓住旧的已知信息不放，不理会未知信息，拒绝接受新意见反而形成偏见和负面评价。这些都是新经验和经历的敌人。不能灵活思考、感受和行动的人会一直以同样的方式生活，并暗自纳罕为什么生活没有变化。

当某些东西不起作用时，灵活的人会一直调整自己的行为。他们会一直尝试新东西，直到达成目标。他们不会让自己的脚步被意外情况或事件发展打乱，而是随时都能自我调整。为了提高自身灵活性，我们可以记住下面三个神经语言程序学的基本前提。

1. 有选择会更好

无论是生活中的什么事，有选择总是件好事，有两个以上的选择就更好了。如果我们没有选择的机会，就会感觉自己被逼着走上眼前既定的道路。如果我们只有一个选择机会，我们只能做出二选一的决定。如果我们有三个或更多的选择，我们就可以自由地做决定。

2. 当某种方法不起作用时,尝试其他方法

在面对问题和挑战时,我们往往表现出相同的行为方式,甚至常常强化这种行为。当我们不被理解时,我们会更大声地争辩,而不是选择其他表述方法。当我们感觉自己被拒绝时,我们会退一步,而不是向对方迈进一步。当我们没有找到解决问题的方法时,我们会苦思冥想为什么现有的方法不起作用,而不是思索行之有效的方法。

重复相同的事不会让我们进步。你要问问自己,你的行动有没有把自己带入死胡同。对此,你可以审视健康、婚姻生活、工作、财务状况、家庭、生活方式、心理状况等领域,看看自己在哪一领域总是重复做相同的事但却期待着不同的结果。

3. 系统中最灵活的部分控制整个系统

最灵活的人总是比其他人拥有更多选择,因此他们也会对系统产生最重要的影响。他们最擅长改变非理想状况。他们知道,尝试新的东西总好过固守已经不起作用的东西。

因此,灵活是通往成功最简单的途径。面对新情况和新环境,适应能力强的人总能以目标为导向,做出恰当的反应。为了锻炼提高自己的灵活性,你可以试着改变一天的生活习惯。比如,你可以用另一只手刷牙,把手表戴在左手而不是右手,用不同的杯子喝水,选择新的上班路线,对同事面带微笑而不是面无表情,

在超市里买不同的商品，去西班牙餐厅而不是去意大利餐厅，听有声书而不是看电视，给朋友打电话而不是在社交软件上冲浪。你肯定有无数的机会，可以在日常生活中锻炼提高自己的灵活性。你越是这样锻炼自己，你在生活中就会越灵活。

此外，正确的自我提问方式也能提高你的灵活性，创造更多选择，使你更容易实现自己的目标。这就要归功于"怎样"这个神奇的词汇。"怎样"会将你的注意力转移到选择上。当你再次面对挑战时，你可以问自己以下问题，以锻炼提高自己的灵活性：

◆它怎样才能起作用？
◆我怎样才能使它起作用？
◆我怎样才能实现自己的目标？
◆其他可选择的方法是怎样的？
◆我怎样才能找到二十种实现目标的方法？

当你思考这些问题的答案时，你会对自己的选择有更多新的认识。

如何通过八个步骤实现目标

现在，我们要把关于果断行动的已知知识变成行之有效的具体计划。如果你遵循以下八个步骤，你就很有可能实现自己的目标。

"八步计划"的基本结构如下：

◆ 出发点是什么

◆ 你的目标是什么

◆ 你为什么要实现这个目标

◆ 发展趋势是怎样的

◆ 后果是什么

◆ 激活你的资源

◆ 迈向你的光明未来：未来模拟

◆ 定期修正路线

1. 出发点是什么

想象自己是一个秘密特工。有一天，你接到电话，被派往异国他乡执行重要任务。不久之后，你坐在一架军用飞机上，配备了降落伞及其他工具、食物补给和一张标注了目的地的地图。在目标区域上空，你跳下飞机，依靠降落伞安全着陆。

现在，故事的发展有两种可能：第一种是由于你跳机的时机把握得十分精准，你现在能够知道自己的位置并且能在地图上标注出来，你可以动身前往目的地；第二种是你不知道自己的降落点在哪里，最好的地图也无济于事，因为你连自己该从哪里出发都不知道。你只能四处游荡着寻找自己的目的地。

因此，实现目标的第一步是认清自己在哪里，出发点是什么。

为了能搞清楚从哪里出发，你可以思考以下问题：

◆ 我现在在哪里？

◆ 我的出发点是什么？

◆ 还有什么没达到我想要的理想状态？

当你想明白这些问题时，你就已经迈出了实现目标的第一步。

2. 你的目标是什么

你无法实现一个连自己都不知道的目标。当你坐上驾驶座并发动了汽车，你就应该知道自己想去哪里。你要制定具体的目标并用积极的方式表达目标。

3. 你为什么要实现这个目标

如果你知道自己为什么要实现某一目标，你就会更为活跃，也能保持自己的动力。如果你不知道自己为什么要实现某一目标，你所遇到的每一个困难都会使你偏离前进的道路。举个例子，假设一根宽20厘米的平衡木架在地上，你必须从一头跑到另一头。你肯定会想"没问题"。如果这根平衡木架在两个房顶之间，离地面20米，你现在可能会想"我不可能过得去"。但如果其中一座房子着火了，你的孩子就站在着火房子的屋顶上，你会怎么想？这种情况下，你实现目标的意愿可能会非常强烈：你想救自己的孩子，为此可以不惜一切代价。如果我们的意愿足够强大，那么几乎没有什么能阻挡我们。

4. 发展趋势是怎样的

接下来你要建立标准。你可以借助这些标准来检查自己是否还在正确的道路上前进。检查结果会起到指示作用。对此，你需要找到下面这个问题的答案——"我可以靠什么结果来确定自己是在正确的道路上？"这样一来，一旦你收到反馈，你就可以修正自己的前进方向。

5. 后果是什么

生活中的一切都有两面性。如果你改变自己，那这样的改变总会有积极和消极两种后果。无论你多么有望实现自己的目标，你都必须为此放下某些令人愉快的东西。同样地，实现了目标也可能带来让你不开心的后果。如果你选择独立自主地行动，你会获得自我决定权，但同时也会失去安全感；如果你结束了一段平淡乏味的男女关系，你会获得自由，但也失去了与他人的亲密关系；如果你为了马拉松比赛而进行训练，你会获得良好的身体状况，但同时也不得不牺牲大量的休闲时间。你应该非常准确地了解，如果自己踏上实现目标的征程，将会获得什么、失去什么。这意味着你要接受所有可能的后果，否则你将会失去坚守目标的动力。

为了充分考虑实现目标的所有后果，你可以利用关于目标情况的"直角坐标系"并回答下列问题：

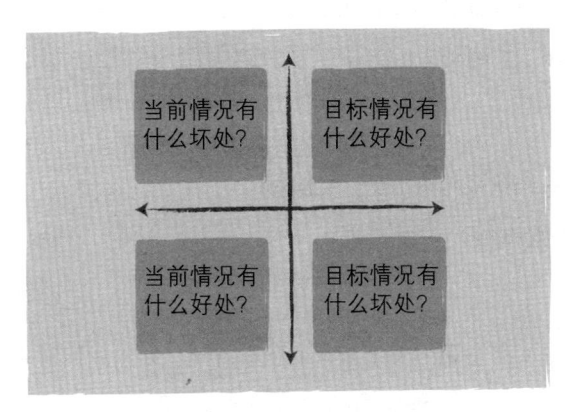

```
        当前情况有              目标情况有
        什么坏处？              什么好处？

        当前情况有              目标情况有
        什么好处？              什么坏处？
```

图 1-5 目标情况的直角坐标系

如果你已经将当前情况和目标情况的后果都调查清楚了，你就可以问问自己："可以从何处着手实现目标？"这样一来，你可以增强自己的动力，持续追求自己的目标。

6. 激活你的资源

能够激发你动力的一切都是你的资源，包括你实现目标所需的内在和外在的方方面面。能够使你实现目标的征程更为简单轻松的环境条件、人、物、经验、天赋、技能、素质、态度或世界观等，都可能是你的资源。你要围绕自己的目标进行思考：你已经拥有哪些内在和外在的资源？你非常擅长什么？你的闪光点在哪里？大自然赋予了你什么？什么给了你力量？你在什么方面有选择的机会？你掌握了哪些能力和技巧？你得到了什么事物或什么人的支持？你还需要什么资源？为了培育或得到这些资源，你可以做什么？围绕着你的资源，充分发散自己的思维。

7. 迈向你的光明未来：未来模拟

"未来模拟"（"Future Pace"），即迈向未来，是神经语言程序学的一个技巧——架起现在和未来之间的桥梁。它的作用源于我们锚定了潜意识中关于未来的积极认知。如果我们对未来有清晰的认知，那我们的潜意识就会开启实现目标之旅。

为了迈出这通往未来的心理上的一步，我们可以使用一项技巧——奇迹问题（Wunderfrage）。这是由美国心理治疗师史蒂夫·德·沙泽尔（Steve De Shazer）及其同事在"焦点解决短期治疗"[1]框架下发展起来的一项心理治疗技术。沙泽尔的灵感源自他的一位心理咨询来访者，这位来访者绝望地说："可能只有奇迹才能帮到我。"沙泽尔和他的同事意识到了这种观点在寻找解决办法方面的价值。他们由此提出了奇迹问题。时至今日，这一技巧仍

---

[1] 焦点解决短期治疗：后现代主义治疗领域中的一种治疗模式。这种心理治疗模式基于短程心理治疗和后现代主义哲学观的影响，将来访者视作健康而充满能力的人，引导来访者看到自己的能力和优势，帮助来访者认识到同一事件的不同层面。——译者注

被卓有成效地应用于心理治疗和辅导，以便将潜意识聚焦到实现某一个目标上。该技巧的应用方法如下：

我们想象一下你今晚睡觉的情况。你睡着了，而就在这个晚上，奇迹发生了。一个仙女来到你身边，用她的魔法棒轻轻点了你几下。你想要实现的目标一下子就实现了。如此简单，你甚至都没意识到。第二天早上你也不知道奇迹是怎么发生的，因为当时你睡着了……想知道奇迹是怎么回事，试着回答下列问题：

◆这个奇迹是旁人都不知道的秘密，还是你周围的人也知道？

◆谁会第一个注意到奇迹发生了？他从哪里看出来的？

◆奇迹还会引起哪些人的注意？他们会对奇迹作何反应？

◆你周围的人究竟会注意到什么？

◆现在你的目标实现了，谁会最惊讶？

◆这个人会觉察到你的行为有哪些变化？

◆对方因此会采取什么不同的做法？

◆你会发现有什么东西给自己带来了正面的惊喜？

◆你现在的思维、行动和感觉到底有什么不同？

◆谁会对这些变化感到高兴？谁会因此而恼怒？

◆你现在得到了什么，失去了什么？旁人又得到了什么，失去了什么？

◆你的身体有什么变化？你是从身体的什么地方感受到了这

种感觉？到底是如何感受到的？

最好是让别人来问你这些问题，在回答问题时，你会迈向自己光明的未来。

8. 定期修正路线

最后就要反复检查自己是否在正确的路线上。对此，你可以定期问自己以下问题：

◆我是在正确的路线上行进还是已经出现偏差，亟须修正？

◆我现在需要采取哪些具体的后续措施？

◆我怎样才能实现自己的目标？除此之外，还可以怎样做？还有补充的吗？

尽可能多地想一些方法来修正自己的路线，灵活地调整路线，直到你实现目标。

★★★

果断行动的培养策略

策略1：针对有目的性的行动进一步提出问题

思考你在生活各个领域中的行动质量。在身体、工作、家庭、夫妻生活、财务情况方面，你的行动有多强的目的性？你是否已经不受限制地取得了自己想要的结果？请你回答下列问题：

◆什么会使我在生活中更进一步？什么会使我一无所获？

◆我的哪些行动对我的生活是有用的？为什么？

◆我的哪些行动阻碍了我？为什么？

◆在行动方面，我想改变什么？为什么？

策略2：始终为自己的行动设定目标

只有当你有目标时，你才能实现目标。无论在什么情况下，你始终都要明白自己当前的目标是什么。当你眼前有一项任务时，问问自己的目标是什么。当你和他人交谈时，想想自己谈话的目的是什么，无论你的谈话对象是老板、伴侣还是孩子。

如果你经常这样问自己：

◆我想实现什么？

◆目标是什么？

◆应该会有怎样的结果？

你会很快发现你的行动是否具有目的性，或者说你是否应该调整自己的行动。这会提高你的创造力和灵活性，让你更容易实现目标。

策略3：做一些不同的事情

在生活中，为了提高自己的灵活性，你还可以采取哪些不同的方式？对你而言，什么是完全不"典型"的？这里有一些不同行动方式的例子可作参考：到另一家超市购买从未尝试过的产品，赤脚走过公园，租一辆跑车，独自去一家新餐厅吃饭，制定与去年完全不同的度假计划。尝试一些与你经常做的事情完全不同的事情。现在就写一张清单，列出本周你要做的二十件不同于平常行为习惯的事情。

策略4：寻找二十种实现目标的新方法

你可以通过寻找二十种实现目标的新方法来提高自己的灵活性。对此，你可以问自己这些问题：

◆ 我有什么目标？

◆ 我现在在用什么方法实现目标？

你现在至少要找到二十种可能实现目标的新方法。

策略5：使用三个利于果断行动的思维框架

在有关清晰思维的章节中，你已经了解了思维框架。如果我们想付诸行动，就必须引导我们的思维，使用合适的思维框架。下列问题将帮助你实现思维与目标的一致：

1. 从问题框架到结果框架

问题框架下的问题	结果框架下的问题
什么东西不对劲?	我想要什么?
问题是什么?	解决方法是什么?
谁导致了这样的问题?	我现在能做什么?

表 1-9 从问题框架到结果框架

2. 从失败框架到反馈框架

失败框架下的问题	反馈框架下的问题
为什么它不起作用?	怎样使它起作用?
为什么我又失败了?	为了实现自己的目标,我可以做出哪些改变?
为什么我做不好这件事?	我可以怎样做好这件事?

表 1-10 从失败框架到反馈框架

3. 从不可能框架到假设框架

不可能框架下的表述	假设框架下的问题
我完不成这项任务。	我需要做什么才能完成任务?
我不知道自己应该做什么。	如果有解决办法,那会是怎样的?
我不会这些必要的技能。	我怎样学会这些必要的技能?

表 1-11 从不可能框架到假设框架

第二部分 九种典型自我破坏模式的应对策略

Strategien gegen die 9 häufigsten Muster der Selbstsabotage

第一章
战胜恐惧

"勇气是被吓得半死也要上马提枪,大干一场。"

——约翰·韦恩(John Wayne)

生活中的恐惧是什么样的?

恐惧是我们的基本情绪之一,就像爱和死亡一样,是人生永恒的话题。在日常生活中,我们有各式各样的恐惧。当我们还是个孩子时,我们害怕黑暗、害怕孤独,甚至害怕床底下的怪物。当我们长成少年时,我们害怕自己在初吻时表现得不够酷,害怕考试不及格。长大成人后,我们害怕竞争、害怕被抛弃、害怕失败。年老时,我们害怕疾病、害怕养老院,也害怕孤独地死去。

恐惧究竟是什么?恐惧被定义为一种预警情绪。当我们认为自己想象中的事情是危险的,这种情绪就会被触发。这听起来相当合理，但恐惧是一种完全非理性的情绪。它是一种突然启动的自动机制，本应保护我们免受伤害，却往往导致我们进行自我破坏。这是因为我们通常难以把控恐惧，反而使其控制了我们的思维、决定和行动。

当我们感到恐惧时，会发生什么？

每当我们感到恐惧时，我们的身体会立即执行固定的程序，产生生理反应，发出警告：

◆我们通过自身的感觉器官感知刺激。

◆我们的大脑会根据以往的经验对这一刺激进行评估。如果我们判断当前的情况是危险的，大脑会向掌管情绪、学习和运动的边缘系统[1]发出"注意危险！"的信号。

◆边缘系统的各个区域，尤其是杏仁核会被激活，并向我们的身体发送"释放荷尔蒙"的指令，使我们呈现战斗、逃跑或呆愣等不同状态。

我们会呈现出上述三种反应状态中的哪一种，取决于以下三

---

[1] 边缘系统：高等脊椎动物中枢神经系统中由古皮层、旧皮层演化成的大脑组织，以及和这些组织有密切联系的神经结构和核团的总称，包括海马结构、海马旁回及内嗅区、齿状回、扣带回、乳头体以及杏仁核等组织。边缘系统具有调节内脏活动、调节中枢神经系统内的感觉信息、影响或产生情绪等功能。——译者注

个因素：

①个体所感知到的当前情况的危险程度；

②基本情绪（愤怒总会使我们呈现战斗状态，恐惧往往使我们选择逃跑，无助常常使我们无意识地呆愣）；

③我们属于易惊型、好战型还是逃避型人格。易惊型的人容易被吓呆，好战型的人容易愤怒、咆哮、作出攻击性反应，逃跑型的人容易自我封闭或退缩逃避。

我们的天性可能已经决定了我们属于上述三种类型中的哪一种，但我们仍然可以通过生活中的经验和学习进行改变。

我们永远无法摆脱恐惧

生活中的最大幻觉之一就是我们认为自己可以从恐惧中解脱出来。但事实上，我们无法摆脱恐惧，我们只能理解恐惧并克服它。

要消除恐惧的影响，我们需要建立的第一个重要认识就是，不再把恐惧视为负面的、限制性的东西，而是将其视为正面的东西。从根本上来说，恐惧非常有价值，因为它会保护我们免受危险，提醒我们另行他法、探索新路。自人类诞生以来，恐惧就保护我们免受侵略者、灾难和其他危险情境的影响。我们的祖先非常成功地利用了恐惧这一情绪，否则人类就不会繁衍至今。

如今人们的大部分恐惧已经不再来源于生死攸关的情境，但我们的反应却一如既往。为了打破恐惧的自动反应机制，我们首先要了解恐惧在生活中的表现形式。

五种基本恐惧

请你想一想，你用恐惧给自己贴了多少标签。害怕未来、害怕损失、害怕失败、害怕拒绝、害怕疾病、害怕孤独、害怕蜘蛛、害怕狗、害怕高处，哪一种是你的恐惧呢？事实上，无论你如何命名自己的恐惧，它都至少能被归入以下五种基本恐惧中。如果你知道自己的恐惧背后是哪一种基本恐惧，你会更容易理解自己的恐惧并借助某些措施克服它。

下面是每个人或多或少都会有的基本恐惧：

1. 对灭亡的恐惧：确保生存

生存是我们的首要任务，对灭亡的恐惧能让我们好好活着。恐高、飞机恐惧症、事故恐惧症都可以归因于对灭亡的恐惧。

2. 对损毁的恐惧：生病或受伤

坚强、安然无恙、能力卓群，这些特征备受我们青睐。一方面，它们能确保我们的生存状态；另一方面，我们会因此而感到自己是一名有价值的社会成员。对失去某一部分身体组织或受伤的恐惧源自对损毁的恐惧。类似的例子还有对蜘蛛、蛇、狗等动物的恐惧，对疾病和伤痛的恐惧。

3. 对失去自主权的恐惧：失去独立性

人类追求按照自己的想法塑造生活，渴望保持自己的独立性，由此就会产生对失去自主权的恐惧。我们害怕依赖他人或失去自身的独立性。我们不想被外在环境或他人控制或限制、困住或制服。这类恐惧的例子有幽闭恐惧症、亲密关系恐惧症、老年贫困恐惧症等。

4. 对分离的恐惧：脱离集体

对分离的恐惧和对失去自主权的恐惧是对立的。这种恐惧体现出我们对集体的向往。害怕分离的人会害怕自己不被接受，害怕自己被抛弃、被拒绝或被评判。我们近乎不惜一切代价地努力让自己不被排除在集体之外，因为如果不这样做，我们就会感觉自己不受欢迎、毫不重要、十分孤独。对分离的恐惧首先表现为社会关系中的恐惧，比如害怕小组发言、害怕寒暄、怯场。

5. 对自尊心受挫的恐惧：丢面子

对自尊心受挫的恐惧代表了我们对丢面子的恐惧。我们的自尊心是脆弱的，我们保护自尊心的倾向与生俱来。我们害怕羞辱、丢脸、犯错、羞愧等，因为我们害怕自己不再是能力卓群、具有极高价值的人，而是有所欠缺、毫无价值的。因此，我们总是努力维护自己的面子。对自尊心受挫的恐惧是很多恐惧的根源，比如害怕失败、害怕表现得愚蠢、害怕他人的负面评价。

为了理解你的恐惧，你可以把它们都写下来，将其一一对应到上述五种基本恐惧上。一般来说，这会让你得出对自身心理状况的有趣的认知。

我们所有的恐惧背后都是对未知的恐惧

我们所有的恐惧背后都是对未知的恐惧。也就是说，无论我们恐惧什么，我们实际上都是在恐惧自己无法应对未来的局面。因为无法预知未来，所以我们的大脑产生了对未知的恐惧，这严重限制了我们的发展。

这种恐惧的目的是让我们停留在熟悉的环境中，在那里我们会感到舒适、可控、安全。人类对安全感有着根深蒂固的需求。我们每一天都过得相对一致，一切都保持相对稳定的状态，由此我们产生了错觉，认为自己掌控了生活。我们会想："昨天是这样，今天也是这样，所以明天还会是这样。"我们以此维持自身的安全感，但这不过是我们的幻想。很多事情都是我们无法控制的。生活中的一切都是不确定的，明天可能会千变万化。我们根本不知道接下来会发生什么。

接受生活的不确定性、认识到自己对未知的恐惧，是摆脱自身恐惧的可靠途径。我们应该时刻提醒自己：恐惧只是我们讲给自己听的一个故事，只是为了保护自己不进入未知领域、不表现出自己对新环境的不安。有了这种意识，我们就可以训练大脑将未知视为机会。如此一来，即使我们恐惧未知，也能采取行动，不坐以待毙。

恐惧首先诞生于心理世界

恐惧的有趣之处在于：无论是我们单纯的想象，还是确实存在危险，恐惧对我们来说总是真实的。不需要发生任何外部事件，恐惧的感觉就会深入骨髓。

通常情况下，让我们感到恐惧的是我们对情况的解释而非情况本身。大多时候让我们害怕的并不是危险，而是我们对后果的想象。我们害怕的不是狗，而是狗会咬伤我们。我们会怯场，不是害怕在人前讲话，而是害怕如果自己看起来不够自信会丢面子。我们害怕的不是从飞机上跳下去，而是跳下飞机后降落伞会打不开。

恐惧还会使我们害怕目前并不存在的东西，甚至可能是永远也不会存在的东西。对此，我们可以看看下文的故事，该故事源于一位不知名的讲述者：

熊先生的死亡名单

森林大新闻！有传言说，熊先生有一份死亡名单。所有动物都想知道名单上写的是谁。一只鹿鼓起全身的勇气，率先走到熊先生面前，问他："打扰了，熊先生，我想问你一个问题。我在你的名单上吗？"

"是的，"熊先生说，"你在我的名单上。"

鹿瞬间就被恐惧所笼罩，他转身就跑。果然，两天后他被发现已经死亡。森林居民的恐惧日益加深，有关谁可能在死亡名单上的传闻愈演愈烈。

野猪的耐心耗尽，他找到熊先生，问他自己是否在名单上。

"是的，你也在我的名单上。"熊先生回答道。

野猪备受惊吓，立刻告别了熊先生。两天后，这只野猪也死了。这下森林居民的恐慌彻底爆发了。

只有兔子还敢和熊先生说话。

"嘿，熊先生，我也在你的名单上吗？"

"是的，你也在我的名单上！"

"你能把我的名字从名单上划去吗？"

"当然可以！"

关于自己和自己的恐惧，你能从这个故事中学到什么？请你花一点时间好好想想。你的脑海中涌现出哪些想法？比如你可能会想：

◆你的选择往往比你认为的要多得多，而你很少意识到这一点；

◆你的假设可能会成为对你有效的预言；

◆生活的主动权掌握在你自己手中；

◆如果你发出质疑，许多事情都可能改变；

◆正确的问题能使你走得更远并远离危险。

不论是像鹿和野猪那样，还是像兔子那样，选择权一直掌握在我们自己手中。

学会对恐惧"打破砂锅问到底"

我们不能很好地处理自己的恐惧，原因之一就是我们没有对恐惧"打破砂锅问到底"。比如，你可能害怕失去工作、生病或是在一大堆人面前发言，并且很难克服这些恐惧，根本原因在于它们非常抽象。只有当你清楚地意识到自己具体害怕什么，你才具有克服恐惧的行动能力。这样一来，你可以清楚说出自己想要避免的后果是什么，进一步思考自己想要的是什么。如果你只关注自己抽象的恐惧,不作进一步探究,你将一直错失克服恐惧的机会。

接下来,让我们进一步区分抽象的恐惧和具体的后果。如果你害怕在一大堆人面前发言,那么你真正害怕的东西到底是什么?你可能是害怕自己说错话、出洋相,从而导致自己的名誉受损,没有人愿意和你做朋友。如果你害怕失去这份无聊的工作,那可能是害怕自己找不到更好的工作,害怕新工作对你而言太具挑战性,害怕自己错过现有工作中的各种机会。如果你害怕被抛弃,那可能是害怕面对孤独和一文不值的自己,害怕永远也找不到伴侣,害怕自己一个人孤独寂寞地死去。

如果你对自己的恐惧"打破砂锅问到底",你就能知道自己具体恐惧什么。一旦你知道自己具体恐惧什么,你就能行动起来,有目的地思考改变现状的可能性和方法,而不是被自己的恐惧所麻痹。

通过脱敏克服恐惧

面对恐惧是摆脱恐惧最快的方法。克服恐惧最有效的方法之一就是进行针对性脱敏,即无论如何恐惧,都要采取行动——或者就像约翰·韦恩说的那样,"被吓得半死也要上马提枪,大干一场"。

你越是常常直面恐惧，就越能夺走恐惧的力量。如果你害怕在公众面前发言，可以找一个安全的环境练习发言，让自己逐渐习惯。如果你害怕失败，你可以报名参加即兴表演课，学习如何有意识地、愉快地"开自己的玩笑"。如果你害怕蜘蛛，你可以去动物园，在一个安全距离内仔细观察这种昆虫。

你要定期尝试直面自己的恐惧，无论如何恐惧，都要采取行动。久而久之，恐惧对你的影响力就会越来越小，恐惧也会慢慢化解，很快就会成为过去。你可以借助下列策略，清楚地了解自己的恐惧模式并逐渐克服恐惧。

★ ★ ★

战胜恐惧的策略

策略 1：对恐惧"打破砂锅问到底"

对你的恐惧探究到底，让自己清楚自己具体在害怕什么。你可以问自己以下问题，并且最好以书面的形式作出回答：

◆ 你害怕什么？尽可能精确地回答。

◆ 可能发生的最坏情况是什么？

◆ 如果最坏情况发生了，你可以采取哪些行动？

◆ 你可以做什么来避免这种情况？

策略 2：将恐惧转化为行动

从你的诸多恐惧中选择一种，并回答以下问题：

① 发掘克服恐惧的可能性

◆迄今为止，你为了摆脱这种恐惧都做了什么？

◆这种恐惧背后隐藏着哪些信念？

◆你的哪些优势和能力可以帮助你克服这种恐惧？

◆你所崇拜的人会如何面对这种恐惧？

◆假设你完全相信自己能克服这种恐惧，你会怎样做？

◆如果你战胜了这种恐惧，你会有什么感觉？

② 行动

◆为了克服恐惧，你必须先做什么？

◆你怎样才能使自己对恐惧脱敏，也就是说，你可以在哪些情境中练习以便克服恐惧？

◆假设你找到了一盏神灯，无所不能的灯神出现在你面前。为了帮你克服恐惧，它会给你哪些行动建议？行动建议一、行动建议二、行动建议三……可能是什么内容？

③ 坚持不懈

◆你通常会如何逃避自己的恐惧？

◆面对这一恐惧，这次你究竟可以采取哪些不同的做法？

◆别人会从什么地方发现你已经迈出了克服恐惧的第一步？

策略 3：使用概率论

请你想一想，你所担心的情况到底有多大可能会出现。事实上，积极的结果同样可能会出现，但是你的大脑受进化影响产生了消极的思考倾向，因而你相信会出现消极的结果。如果你客观地评价现实情况，你的恐惧很快就会减轻。

策略 4：注意思维陷阱

当我们对某件事情感到恐惧时，我们往往会陷入某些思维陷阱：

◆ 情绪化思维——混淆感觉与事实；

◆ "灾难化"思维陷阱；

◆ "非此即彼"的思维陷阱；

◆ "过度泛化"思维陷阱。

你可以再次浏览有关清晰思维的章节，熟悉自我破坏的模式，理性辨认自己的恐惧。

策略 5：在语言层面聚焦于愿望而非恐惧

我们通常会因为自己可能遇到不好的事情而害怕无法实现目标。类似"希望不要发生这种事"的想法会使我们产生恐惧。

"希望自己不会被解雇""希望伴侣不会离开我""希望自己不

会失败"……我们在心里对自己说着诸如此类的话，给自己增加压力，让自己陷入恐惧的深渊。

我们可以把"希望……不会发生"这类句子改写为以"我许愿……"为开头的愿望。在愿望语句中加入自己希望出现的积极结果。因为这只是一个愿望，所以你的潜意识不会对其提出抗议。

第二章
培养坚定的自我意识

"人是唯一对自己有负面看法的生物。"

——萧伯纳（George Bernard Shaw）

自我否定破坏我们的自尊

无论在生活中取得了什么样的成就，我们还是会产生"我还不够好"这样的想法。我们常常自我批评，不能接受自己的不足和失败。自我怀疑、自我批评和自卑会侵蚀我们的精神，破坏我们的自尊。

缺乏自我接受能力的人，会试图通过种种复杂的措施克服自卑。树立夸张的志向、完美主义、过度依赖他人肯定都是他们常常采取的应对策略。当然，这些策略毫无成效，因为它们无法给予使用者真正需要的东西——对自己的深度肯定。

导致自卑的原因

在我们诞生之时,我们都有充分的潜力成为坚强、自信、乐观的人。后天的教育是我们发挥潜力的拦路石。

我们中的大多数人都是由他人抚养长大的,我们受他人影响从而形成自身的性格。而对我们产生影响的人本身就具有消极的思考倾向,深受自我破坏模式的困扰,缺乏自尊。他们不能给予我们肯定、赞赏、爱和安全感——这些恰恰是我们作为一个成年人充分发挥自身潜力、形成坚定自尊的必需品。

我们从小就被要求乖巧懂事、遵守规则。"不要这么做!""不要碰那个!""闭嘴!""别闹了!""你要适应这一切!""我希望你能做到这个。""这是错的。""不要捣乱!"……我们总会听到诸如此类的话语。如果我们得到了表扬,那往往是因为我们符合条件要求,表现良好。直到我们长大成人之前,与他人进行比较、因犯错而受罚都成了十分寻常的事。我们被告知可以做、应该做、必须做、能做以及不能做什么。我们被无数次地批评、伤害、拒绝、训斥。我们当中有些人从不质疑这样的方式方法,他们的观点也会被我们铭记心中。

我们在潜意识中存储并内化这些经验教训。过往经历中破坏自尊的信息使我们长大成人后仍然会贬低自己。源于幼年和青少年时期的判断和评价,已经成为我们性格和自我形象的一部分。

因此，成年后的我们会拥有自我批评的性格特征，而没有成为本可以成为的强大、健康、自信的人。

如果我们能明白自己的心理程序是如何运行的，并认识到我们正因此而形成贬低自我的看法，我们就能重新构建自我意识。

灵魂深处的三个问题

面对生活中的许多情况，我们的潜意识都会提出以下三个问题：

◆我是否足够优秀？

◆我是否受欢迎？

◆我是否得到了自己需要的东西？

这些问题的答案并非取决于客观事实，而是完全取决于我们的主观评价。如果我们依据自身经验而常常对其中的一个或多个问题作否定回答，那消极的心理程序就会由此启动，最终导致我们自尊心较弱，出现类似以下句子的消极信念：

◆我毫无价值。

◆我不够优秀。

◆我不好。

◆我总是做得不尽如人意。

◆我没什么用。

◆我有罪。

◆我是个失败者。

◆没人喜欢我。

这些信念会对竞争力、创造力和生活乐趣等方面产生影响，阻碍我们的发展和进步。

自我意识的关键：健康的自我形象

拥有稳定自尊心的关键在于形成健康的自我形象。健康的自我形象是自信、自尊、魅力、成功和成就感的基石。

自我形象体现了我们如何看待自己。当你照镜子时，你会看到自己身体的反射画面。但你的自我形象远远超过这种感官上的认知。它存在于你的内心之中。它就像是你自身性格的心理蓝图，体现出你认为自己是什么样的人。你过往的经历绘就了这张蓝图。你的每一项或积极或消极的经验、或成功或失败的经历，你的胜利和耻辱以及他人给你的反应，已经在你的脑海中形成了你的自我形象。因此，随着时间的推移，你完成了自我定义，给出了"我是谁"的回答。

如果你想知道自己的自我形象是什么样的，你可以观察自己的生活，你可以观察自己的工作环境、职业状况、收入、人际关系、健康状况、外在形象、能自己做决定的程度和生活中的乐趣所在。

这一切都是你自我形象的表现，因为正是自我形象调控着你的想法、行为、感觉和经验。

为了维护你的自我形象，你的大脑会不断寻找能支持这一点的事实证据。当你找到足够多的证据，你就会认为你的自我形象是正确的。举个例子，假如你的自我形象包括"我不擅长在人前发言"，你就会不自觉地想方设法向自己证明这一想法，从而证明你的自我形象是正确的。如果你现在必须在一群人面前发言或汇报，你潜意识中的程序就会启动，使你无法自信地表达自己的观点。即使你很好地完成了汇报、得到了积极的反馈，你对自己的看法也不会改变。你始终会坚信自己没有良好的自我表达能力，因而你会认为自己得到积极的反馈，只是因为他人善良、搞错了或者根本不了解自己。任何与你当前的自我形象相悖的证据都会被你的大脑判为"无效证据"。这样一来，你就会维护自己现有的信念，坚信自己主观判定的"我很无能"的自身世界模型，心中有关"自我认同"的限制型信念会更加根深蒂固并限制你自身潜力的发挥。如果你认为自己不够聪明，无法独立创业，你就会找到支持这一想法的证据。如果你认为自己是一个懒惰的人或是认为自己是个失败者，你也会向自己证明这一点。

然而，你也可以利用这种效应来培养强烈的自尊心。对此，你只需要寻找证据证明自己为什么足够好、有价值、有自我效能——就像你现在这样。如果你开始寻找这样的证据并相应地转

移自己的注意力,你的自我形象将会随着时间的推移而进行自我调整。这会带来进一步的积极影响:

◆ 你相信自己和自己的能力;

◆ 你能够很好地定义自己,明确地说"不";

◆ 你不会把批评放在心上,钻牛角尖;

◆ 你能很好地展示自己;

◆ 你不会被主导者吓倒;

◆ 你不会为自己的需求、目标和愿望而辩解,而是会坚持自我。

在生活中,你最重要的任务之一是塑造强大的自我形象,从而积极地影响你的自尊、自信和自我意识。你的目标应该是围绕自身和"自我认同"建立一个健康的信念系统,因为这样一来,你的生活势必会积极地发展。然而,如果你暗地里想着"我什么都做不了;我什么都不知道;我什么都不是",那你将无法实现长远发展。

增强自尊的唯一有效策略

不论多大年纪,我们都可以创造新的自我形象、改变自己的生活,因为我们的思维直到人生迟暮都可以重塑。我们怎样才能把自我的限制型信念转变成强大的自我形象？许多人都努力尝试在环境的帮助下建立强大的自我形象。为了肯定自身价值，他们不断寻求外界的肯定，与他人进行比较。但世界上可能只有一个能使我们源源不断地获取自尊的可靠来源，那就是我们自己。接下来让我们仔细看看这其中的联系。

来源1：外界的肯定

许多人只有在受到外界的肯定时才会觉得自己有价值。如果他们被赞美，如果别人认为他们很棒、钦佩他们，他们就会感到满足。这样树立起来的自尊心非常脆弱。一旦他们不再受到赞扬和钦佩，他们就会怀疑自己，逐渐患上"认同上瘾症"，越来越依赖"肯定"，在外在世界寻找自我价值。

来源2：与他人进行比较

将自己与他人进行比较是一件十分自然的事。我们总是这样做，因为我们在成长过程中已经对此习以为常，而且当我们比别人好甚至是成为最优秀的那个时，我们会为自己感到骄傲。然而，一旦有人比我们强，我们身处对方的身影之下，我们的自我形象就会彻底崩溃，化为灰烬。人外有人，天外有天，这种自尊之源也会很快枯竭。

来源3：内在来源

自尊心强的人只依靠唯一可持续的来源：自己。他们根据自己的标准来评价自己。唯一能摧毁他们"自我认同"的人就是他们自己。但他们会有意识地避免这样做。

当你成功地从自己的内心深处获得自尊，而不是从外在世界汲取自尊时，你就掌握了自信、自我意识和自我效能的关键。

进行积极的心理对话

为了使自己成为自尊心的来源，我们必须要有意识地调控我们的心理对话。你的心理对话是什么样的？你会用心理对话来强化自己吗？你是最支持自己的人吗？如果你和大多数人一样，那上述问题可能少有肯定的回答。对大多数人来说，以自我贬低、自我侮辱和自我批评的方式展开心理对话是再正常不过的事。"我是个白痴。""伙计，我真是傻。""我从来没说对过。""他肯定觉得我很傻。""我应该知道怎么做才对。""我应该下定决心才对。""为什么我总是不能胸有成竹？"……诸如此类的话对我们而言都是常态。如果我们对他人说这样的话，那对方可能会和我们绝交。但如果我们是在贬低自己，那看起来似乎是一件无所谓的事。然而，自我贬低的语言却是我们自尊心最大的敌人之一。自我批评和自我贬低的话语会让我们觉得自己一文不值。周围的人并不会如此严厉地批评我们，但我们自己却能不留情面地"下狠手"。我们怎样才能停止自我批评和自我贬低，能够自我欣赏并进行积极地自我对话？为此，我们可以参考以下三个步骤：

1. 认识到你内心的批评只是在重复过去的声音

克服内心的自我批评，第一步是认识到脑海中的负面声音不是自己的。这些声音是你童年和青少年时期经常听到的他人贬低你的声音的回声。这些严厉、难以接受、充满谴责的声音已经被你内化于心，一遍又一遍地在脑海中回放。

2. 仔细倾听你内心的批评

如果你已经意识到内心的批评只是在重复过去的声音，那你现在可以仔细倾听这些声音。你可以挑选一天来倾听自己内心的声音，注意自己说出自我贬低的话或产生类似想法的次数，并且最好记录下你反复说的那些自我贬损的话语。你可能会对自己说出这些消极话语的频率感到惊讶。

3. 破坏你内心的批评者

停止自我批评的第三步是有意识地破坏你内心的批评者。对此，你可以回想本书第一部分第一章中的"自由技巧"。对某些刺激，如失败、批评，不再冲动地自动反应。停止你的自动反应程序，有自主意识地选择温和的语言。你已经知道你的大脑必须处理它所接收到的每一个词,你的脑海中也会因此而产生相应的画面。"我真是个傻瓜"和"我今天真的很好"在你脑海中形成的画面是完全不同的。你要练习删除你的字典中关于你的负面词汇,因为你说的每一句关于自己的话,都会在你的潜意识中引起共鸣并得到验证。

★ ★ ★
坚定自我意识的培养策略

策略 1:进行 120 次积极的自我观察

观察生活,写下你擅长的 120 件事。这些事可以是任何事情,可大可小。如果你遇到了瓶颈,可以先暂停去休息,但你要努力完成这个清单,哪怕它需要几天甚至几周的时间。这一练习会产生一个积极的结果:你会记住自己掌握的但曾经很少意识到的技能。问题常常就在于此。我们认为自己所能做的都是正常的、微不足道的事情。如果我们认识到自己的长处,这会对我们的潜意识产生很大影响。因此,不要拖延,现在就拿起日记本或是找一张纸,开始记录积极的自我观察。

策略 2：明智地进行比较

我们已然明白，与他人的比较能够塑造我们的自我形象。当我们为了激励自己而进行比较时，这可以增强我们的自尊。然而，现实情况往往与此相反：我们会认识到自己的不足并因此而感到自卑或低人一等。

当你再次将自己和他人进行比较时，请使用以下方法：

◆ 如果你觉得自己很差劲，就和自己后面的人比较。你可以想一想那些做得比你更差、拥有的东西比你少或掌握的技能比你少的人。

◆ 如果你想取得某些成就，就和自己前面的人比较，或是与精通你想做的事情的人比较。不要寻找你们之间的不同，而是要寻找你们之间的相似之处。这种相似可以是任何方面的，比如生日、爱好、星座、个人品味等。

如果你以这种方式进行比较，你将会强化自己的自我形象，而非削弱它。

策略 3：认识到他人的期望无足轻重

没有任何法律强迫你必须满足他人的期望。你的家人、老师、老板、伴侣或朋友不能替你决定你应该如何做。相反地，如果你想要满足他人的期望，你就会破坏自己的自尊，因为你完全意识不到自己这么做只是为了取悦他人，而非遵循自己的想法行事。

这样一来，你就像笼子里的鸟儿，意识不到门是开着的，自己完全可以飞走。另外，如果你有自己的原则，你会增强你内在的自尊之源。

策略 4：达到你自己的标准

自尊心强的人非常自信，因为他们已经确定了自己的标准，并一直朝着这些标准努力。如果你有自己的价值观和标准，努力达到自己的标准，这样任何情境下的否定或无能为力都无法伤害你的自尊心。因此，你要认真思考自己的标准是什么。下列想法可能会激发你的灵感，帮你找到有助于增强自尊的标准：

◆我真实地展示自己。我坚持做自己。我毫无羞耻、遗憾、恐惧地活着。

◆我为人处事坚持以诚为本。

◆我对自己的生活负责。

◆我做正确的事，不做容易的事。

◆我尽力而为。如果这还不够，我也不会为此而谴责自己。

◆我接纳自己的所有优点和缺点。

◆我把自己得到的结果、自己的行为与自我价值区分开。我的自尊不会因为犯错而减少。

策略 5：独处

对我们而言，他人的意见往往非常重要。因此，我们不断地问自己："别人对我有什么看法？"但一般来说，大多数人根本不会关注我们。他们自己都在忙着猜想我们对他们的看法。如果我们专注于自身，就会因此实现更为长远的发展。

策略 6：创建自我批评排行榜

写下你最常用的自我贬低的句子，创建属于你自己的自我批评排行榜。然后，你需要思考如何才能提高自己，不再贬低自己。比如，你可以换个说法，采取相反的表达或是找到其他积极正面的评论。把这些话语也写下来，养成注意负面话语的习惯。一旦你发现自己的内心独白是负面消极的内容，立刻将其换为积极的表述。

策略 7：每次贬低自己，就存下五块钱

每当你消极地评判自我，就往存钱罐里放五块钱。一周后，你数一数钱，算清楚自己这一周自我批评了几次。然后，你可以把这些钱当作你内心的批评者挣来的，利用这份收益来犒劳自己，作为注意到自我贬低的奖励。

第三章
不过度依赖他人的肯定

"掌声就像爱情一样,只可祈愿,不可强求。"

——歌德(Goethe)

我们是不是或多或少都渴望得到他人的肯定?

我们都需要认可、肯定、赞赏和爱,就像我们需要空气一样。如果我们被剥夺了这些东西,就会面临生死攸关的威胁。如果人们长期被隔绝于世,就会失去兴趣、动力、食欲,会患上疾病,甚至最终可能因社会隔离而死亡。失去与他人的联系会使人类失去情绪、精神、灵魂乃至身体等各方面的活力。

因此,本能地寻求认可是再正常不过的事。只有当这种愿望变成对他人的肯定的过度需求和依赖时,它才会给我们带来伤害。这种情况下,人会像瘾君子那样依赖他人的肯定,永远没有满足的时候。他们最终会患上认同上瘾症。

认同上瘾症患者的特征

认同上瘾症的患者只有在受到他人肯定时，才会感觉自己是完整的、有价值的、被爱的。在生活的舞台上，当备受观众瞩目时，他们会觉得自己非常出色，甚至某一刻会觉得自己就是明星。但当观众离场，他们通常会被巨大的空虚感包围。这样一来，认同上瘾症患者就会不断寻求下一个肯定和认可，可能呈现以下行为方式：

◆为了取悦他人，会像随风摇摆的旗帜，一味地附和他人；

◆说的话、做的事都不是出于自己的本意；

◆总是想占据中心位置，吸引所有人的目光；

◆喜欢卖弄自己的知识和能力；

◆会反复说起自己有多么成功；

◆可能表现得腼腆拘谨，通过乖巧顺从之举扮演一个帮助者或是可怜的受害者的角色，从而得到他人的认可；

◆喜欢传播坏消息，因为这样可以引起他人的关注；

◆会想方设法获得异性的肯定。

如果认同上瘾症患者被无视，他就会感到沮丧甚至觉得自己受到了侮辱。如果他经常被忽视,他可能会表现得很愤怒、具有攻击性或是陷入自怜、抑郁的状态。由于他强烈渴望得到他人的肯定和认同,他会越来越激进地争取他人的肯定。

认同上瘾症的五大诱因

是什么导致认同上瘾症如此普遍呢?无论其表现形式是什么,认同上瘾症通常有以下五大诱因:①想要满足自身对人际关系的基本需求;②受到他人的肯定时会出现成瘾性荷尔蒙激增的情况;③在生活中内化了许多限制型信念;④感到莫名的恐惧;⑤自尊心低下。

让我们系统地了解一下这五大诱因。

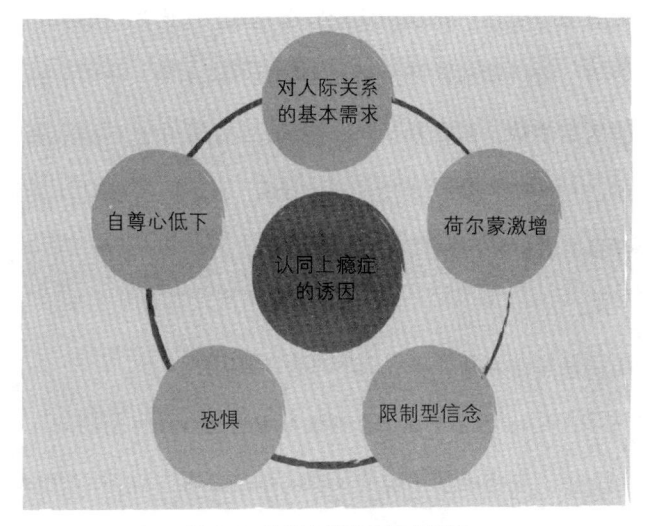

图 2-1 认同上瘾症的五大诱因

1. 人类对人际关系的基本需求

很久以前，我们的祖先就过着群居生活，因为群居能使他们变得更强大、抵抗力更强，他们能更好地保护自己，更有效地进行狩猎。任何想要加入某一集体的人都必须遵守这一集体的规则，否则就会被驱逐。我们的社会需求也因此而深植于心。如今，这种需求表现为对人际关系、集体、归属感、认可、自尊、公正、同情、安全、亲密、肯定的渴望。如果这些需求得不到满足，我们的生活质量乃至生存都会受到严重影响。

2. 荷尔蒙激增：肯定让我们兴奋

如果我们受到外界的肯定，我们就会变得非常兴奋。一个友好的眼神或微笑已然足够使我们兴奋起来。我们的大脑会立刻释放多巴胺、催产素和内源性阿片类物质等荷尔蒙。我们会感到轻松、强大、幸福，简直就是陶醉在他人的肯定中。有些人怎么也看不够这些美妙感觉所点燃的绚烂烟火：他们越是经常体会到荷尔蒙激增，就越是渴望再次沉浸其中。

3. 限制型信念是自尊心低下的基本原因

许多人在幼年时期就体会到认可和爱是有条件限制的。如果我们很勇敢、在做事情之前先征求父母的许可、打扫房间、做自己应该做的事，父母就会表达出对我们的赞赏和爱。如果我们不遵守规则、没有满足他人的期望，我们往往就得不到爱和关注。行为不当常常会受到蔑视、训斥或惩罚。这样的经历让我们形成了下列限制型信念，早在我们进入学校之前就扎根于我们内心深处：

◆ 错误和行为不当会导致爱意消失和惩罚；
◆ 如果我做了人们期待我做的事，我会觉得很不错；
◆ 如果他人喜欢我，我自己也会觉得很好；
◆ 如果我适应了一切，就能得到认可；
◆ 别人比我更清楚我需要什么、什么适合我；
◆ 爱会使人痛苦；
◆ 如果我是另一个样子就好了；
◆ 我没有一点儿价值。

接着就进入"认同上瘾"的第二阶段：学校。在这里，我们通常要遵守指示和规则才能成功抵达认可、肯定和爱的目的地。在这里，我们学着不出格、不出界、保持安静、重复他人对我们说的话、得到许可后才能起立。上学后，许多人回到家都会面临这样的情况：成绩好会得到父母的表扬，成绩差会得到父母的失望、否定甚至是惩罚。这一人生阶段的主旋律往往是"做好自我调整，你以后会在生活中做得更好！"在这样的情况下，自我负责意识和自主意识的萌芽都被扼杀于摇篮之中。他人制定的规则和惯例划定了生活的竞技场。我们在这一阶段可能形成以下信念：

◆别人会告诉我什么能做、什么不能做；

◆本能需求都是错的；

◆我必须一直满足他人的期待，否则我会受到惩罚；

◆如果我自我调整、适应了一切，我会得到表扬；

◆如果我乖巧听话，我会得到肯定；

◆不劳无获；

◆不要高兴得太早；

◆取得好成绩会让我更讨人喜欢；

◆不管是做了积极的行为还是消极的行为，当我脱颖而出时，就能得到他人的关注；

◆我只会惹麻烦；

◆我对此负有责任；

◆我是一个受害者；

◆我不正常；

◆没有人喜欢我。

作为成年人，许多人已经将无数限制型信念纳入自己的世界模型之中。因为我们保留着之前的思想烙印，自尊心低下、人际关系混乱、一直渴望得到肯定等特征都埋下了种子。如果我们之前曾因取得好成绩而被表扬，那成功往往对现在的我们非常重要。

如果我们之前外表靓丽，那外表将会对我们意义重大。如果我们适应一切，我们会通过自我调整、乖巧听话、服务意识及能力寻求他人的肯定。在人际交往中，我们也会尝试采用童年时期用过的成功策略，并且常常觉得：如果这很痛苦，那就一定是爱。

4. 莫名的恐惧：认同上瘾的驱动力

现在让我们来看看认同上瘾背后的三种典型恐惧：

①害怕他人的意见

许多人害怕按照自己想要的方式生活，因为他们害怕别人的看法和评价。他们害怕自己做决定，害怕自己的决定得不到赞同，也害怕受到情感上的惩罚。对那些把别人的意见视若至宝的人来说，下列句子十分熟悉："我想辞职去环游世界，但我的父母会怎么看我呢？""我不想加班，但我的老板会怎么看我呢？""即使我生病了，我也必须去上班，否则我的同事会认为我偷懒耍滑。""我想说出我的想法，但如果我因此而被批评了该怎么办？"如果我们的行为都以他人对我们的看法为基础，我们就会把自己变成他人意见的奴隶。

②害怕得罪他人

对你来说，对别人说"不"和拒绝他人的请求是正常的事情吗？如果你的计划改变，你会取消约会等事情吗？你会让他人的期望落空吗？许多人都害怕这么做，他们不想伤害别人或是表现得傲慢、以自我为中心。但事实上，他们是担心如果自己得罪了别人，别人就会远离自己、收回对自己的爱。为了不伤害任何人，他们不会表达出自己的需求，而是会顺从潜意识的恐惧，不断克制自己。

③害怕出丑，害怕暴露自己的缺点

我们人类非常害怕表现得愚蠢，害怕出丑，害怕被嘲笑和拒绝。但是，当我们想着"我要尽可能表现得聪明一些，不要出丑，因为我喜欢这样的自己"时，我们往往不能如愿。因为认同上瘾有一条悖论：我们越渴望得到认同，就越得不到认同。如果我们只是为了取悦他人而巴结讨好他人，对方会本能地察觉我们的意图甚至疏远我们。我们的恐惧会麻痹自我，以至于我们不再是真实的自己，总是做出不符合本性的行为。没什么比试图不显得愚蠢，更让我们显得愚蠢的了。

5. 自尊心：认同上瘾的诱因

每一个认同上瘾症的患者都有缺乏自尊心这一问题。那些坚信自己没什么价值的人总是渴望得到他人的认同。上一章已经介绍了很多克服自卑和各种相关情结的方法。后文介绍的策略也能帮助你强化自我形象，建立更多自信和自尊。

如何停止寻求他人的肯定？

寻求他人的肯定是一种习惯。这种潜在的行为机制经过多年的发展变得根深蒂固。因此，这不是打个响指就能立刻改变的事。为了逐渐停止寻求他人的肯定，我们需要进行练习，找到新的视角。下文介绍了一些能帮助我们加快这一过程的思维模式。

1.33% 法则：克服对拒绝的恐惧

如果我们想在生活中自己做决定，我们应该意识到：总有一些人会拒绝我们。甚至连华特·迪士尼（Walt Disney）[①]、斯蒂芬·金（Stephen King）[②]和奥普拉·温弗瑞（Oprah Winfrey）[③]等许多著名的大人物都会被别人说成是"无能的人"。但这些人并没有因此而怀疑自己，而是更坚定地追寻自己的道路，直至实现自己的目标，最终因其终生事业的成功而被载入史册。

在这一过程中，33% 法则可以为你提供帮助。这一法则认为，你遇到的人可以划分为三类：

[①] 华特·迪士尼：美国著名动画大师，创办了迪士尼公司。——译者注
[②] 斯蒂芬·金：曾担任电影导演、制片人以及演员，代表作品有《闪灵》《肖申克的救赎》《末日逼近》《死光》《暗夜无星》等。——译者注
[③] 奥普拉·温弗瑞：美国知名演员、制片人、主持人，曾主持节目《奥普拉脱口秀》，于 2018 年获得第 75 届美国电影电视金球奖"终身成就奖"。——译者注

- ◆ 33% 的人喜欢你；
- ◆ 33% 的人讨厌你；
- ◆ 33% 的人毫不在意你。

因此，你可以坐下来，从这一法则开始发散自己的思维：不是每一个人都会喜欢你，无论你是否能创作出《蒙娜丽莎》那样的名画，是否能设计出埃菲尔铁塔那样的知名建筑，是否能做出有十二道菜肴的盛宴。

2. 格式塔祈祷

停止寻求他人的肯定，其中重要的一步是加强自爱。我们热切盼望能从他人那里得到尊重，但是我们其实可以通过给予自己这份尊重来加强自爱。这样一来，我们会有意识地减少他人对我们的幸福和心理安宁的影响。格式塔疗法的创始人弗里茨·皮尔斯（Fritz Perls）在格式塔祈祷中表达了这一理念：

"我就是我。你就是你。我对我的生活负责，你对你的生活负责。我的存在不是为了满足你的期望，你的存在也不是为了满足我的期望。如果我们志同道合，那很美好；但如果不是，那我们就得分道扬镳，各自前行。当我出卖自己只是为了让你高兴时，我不喜欢这样的自己；当我不接受你现在的样子，想让你成为我想要的样子时，我也不喜欢一味顺从我的你。你是你，我是我。"

3. 他人的意见不是衡量一切的标准

我们都太容易被他人的看法或评价所影响。我们很难消化别人对我们的批评。如果我们过于重视他人的意见，我们很快会感到自卑。长此以往，我们就会丧失自信心，不像自己原本可以做到的那样成功。由此可见，正确处理他人的意见十分重要，因为每一个意见都只是他人看待事物的一种方式，而非绝对真理。人们根据自己主观的心理地图，形成对事物的种种看法。正如我们所知道的，这些心理地图是基于个人的经历和经验形成的，所以一百个人常常会有一百个意见。为什么我们要自动调整自己的观点？为什么别人的主观意见就一定比我们自己的看法更正确？只有我们真正被他人的观点说服，我们才应该思考自己的观点是否正确。

4. 质疑惯例

我们每天都在做出影响自身生活的决定，其中有些决定是为了满足周围人的期望，这被视为一种社会美德。然而，我们要注意不要只顾着满足由外界确定的责任和规则，从而失去自己的个性。

我们的存在不是为了成为别人希望我们成为的样子。如果我们想要自主地塑造自己的生活，我们应该做自己认为正确而非只是他人认为正确的事。对此，我们必须接受自己不能或不应该总是满足他人的期望。相反地，我们更应该坚持质疑外界强加给我们的惯例，制定我们自己的规则，否则我们会产生巨大的空虚感。这种空虚感往往容易导致我们出现抑郁症、焦虑症、职业倦怠和其他疾病。我们应该始终铭记：我们的生活由自己决定而非他人。只有我们拥有对自己生活的管理权。这样一来，我们才能从糊里糊涂的自我调整中清醒过来，按照自己的意愿塑造自己的生活。

肯定是限量款吗？

最后，让我们看一下事情的另一面：虽然我们都需要认同、肯定和赞赏，但是我们却对此十分吝啬，仿佛它们是限量款产品。我们往往很难说出真诚的赞美之词。如果我们能在生活中更多地使用友好的话语，可能会更容易让家人、伴侣和朋友感到幸福。但这对我们而言十分困难。对我们周围的人而言，很少被赞美可能是一件非常令人沮丧的事。这往往导致他们以其他方式寻求肯定，如疯狂工作、过度运动或制造绯闻。职场对赞美和认可的吝啬也几乎到了把人逼疯的程度，因为公司非常希望员工积极工作。很多公司都奉行这样的原则：不训斥就算是表扬。对于一项工作，如果没有人发牢骚，那这就算是完成得很好。如果我们给予同事更多的关注、认同和爱，我们就相当于贡献了自己的一份力量，使这个世界变得更加友好。

★★★
不过度依赖他人肯定的策略

策略1：注意你是否在凭空捏造他人的想法

认为自己知道别人对你的看法，那不过是你的幻想，因为你没有读心术。你永远无法准确知道他人的想法，除非你询问对方。你要避免基于自己的怀疑而凭空捏造他人的想法，因为这可能只是你对自己的看法，事实往往不是这样。

策略2：使用33%法则

每当你被他人拒绝时，请记住33%法则：33%的人喜欢你，33%的人讨厌你，33%的人毫不在意你。如果你牢记这一法则，你很快就能平静地面对他人及其意见。

策略3：随缘行善

随缘行善是善举，是善意的表达，是我们给予他人的小小关心。请你从现在开始，经常对自己周围的人进行真诚的赞美和积极的鼓励：告诉你的伴侣，你认为他有哪些闪光点；即使你的孩子没有考出好成绩，也要表扬他们；养成称赞同事和员工的习惯，哪怕只是一件小事；赞美陌生人；越来越多地主动示好，给予他人真诚的赞赏和肯定。

第四章
放下过去，不再抱怨

"没有错误，只有反馈。"

——理查德·班德勒（Richard Bandler）

为什么我们不能放下过去？

在有关清晰思维的章节中，我们已经探究过大脑的消极思考倾向，明白我们的思想会偏好纠结过去消极的事情。某些失望、受伤、内疚、失败的经历会比某些疾病更长久地纠缠着我们。从进化角度来看，这种消极思考倾向意义重大，因为我们会从记忆中学到哪些行为于己有益，哪些行为于己不利。如果我们积累了一种消极经验，我们会意识到以后应尽量另行他法。我们正是通过情绪来存储这样的信息。这一经历带来的伤痛越大，情绪就埋藏得越深。正是由于这种联系，我们通常会在很长一段时间内牢牢记住消极经历。

然而，大脑的消极倾向常常会惹出麻烦。如果我们对痛苦的经历和感受耿耿于怀，这就会使我们的心情变得糟糕。我们的幸福受到损害，人际关系遭到破坏，目标的实现也受到阻碍，因为我们总是纠结于过去，认为自己被环境所拖累。

如果我们长期这么想，那这些消极的感觉首先会影响我们当前的情绪，然后影响我们日常生活中的心态，接着影响性格，最终影响我们的生活态度。许多人都感到苦闷、抑郁和不幸福，原因就在于他们无法放下自己的过去。过去经历的伤痛可能影响当事人长达30年、50年，甚至70年之久，他们的生活也被这些伤痛所支配。如果我们借助恰当的技巧，尽快调整这些感觉，就可以避免这种情况。

重新评价过去

我们怎样才能以不同的方式面对过去？过去已成事实，难以改变。内疚、羞愧、悲痛、愤怒或攻击性等任何强烈的情绪都不能改变事实。但是，我们的大脑可以重塑过去。我们可以有意识地选择从不同的角度看待事情，赋予其全新的意义，甚至是抹去事件的部分内容。遗忘是否可以被人为控制？我们是否能够有针对性地忘记消极情绪和记忆？科研人员已经针对上述问题展开了研究。目前的研究结果表明，我们能够有针对性地删除信息。但是，目前的科学水平尚不能说明人们如何做到有针对性地遗忘。在这一科学方法被研究出来之前，我们可以努力改变自己对事情的看法，以全新的眼光看待过去。对于这种心理能力，神经语言程序学的创始人理查德·班德勒（Richard Bandler）描述道："幸福的过去永远不会太晚。"当然，形成对过去的全新看法是无法通过驱散过往回忆或转移注意力来完成的。要做到这一点，我们就得勇敢地面对过去，视其为助益而非负担。这样的重新评价会让大脑的神经元链接发生变化，由此我们可以重新建立与过去的联系。事实上我们一直在这样做，因为我们的记忆一直在变化。

我们的记忆并不客观

"记忆是客观的，能够准确反映我们的经历"这一认知是错误的。研究表明，人脑对记忆的存储并不像纪录片那样，可以随时调用和回放客观真实的画面。相反，我们的大脑会存储由画面、声音、气味、味道和感觉组成的短序列。存储哪些信息取决于我们个人的过滤器和信息之于我们的意义。

我们的大脑总是会重组记忆中的信息。每当我们回忆过去的某件事，我们都会改变自己对这件事的内心体会。同时，我们相信回忆的最新版本反映的是实际情况。举个例子，如果我们现在向别人讲述自己如何度过上一个假期,我们现在的描述会和一年后的再次描述有所不同。我们的记忆总是不完整的、扭曲的、高度主观的。明白了这一点,我们就可以更轻松地放下过去,因为无论如何我们也无法客观地记住过去的一切。

积极面对过去的三种能力

为了能积极地面对失望、内疚、失败等消极经历,我们可以加强自己的三种能力:

◆接受能力。

◆原谅能力。

◆重塑能力,即对事件进行有意识地重新解读的能力。

1. 培养接受过去的能力

当我们遇到消极的事情时,我们经常会产生这样的想法:"我多希望这件事没有发生""我多希望自己之前不是这么做的""我多希望时间能倒流"。此时此刻,我们再次体会到接受的重要性。当我们接受了发生的一切,我们会更容易放下消极的情绪和回忆。你可以借助下列想法(或类似的想法),培养更强大的接受能力,与过去达成和解:"事情就是这样。它已经发生了,已经结束了。世界已经向前发展,与这件事有关的人也都继续向前看,继续在生活中面对各自的问题和挑战。用不了多久，这件事对我而言也不重要了。"

2. 练习原谅

能够原谅自己和他人是一项宝贵的艺术。原谅意味着接受某人的悔意，免其罪责。下文介绍了提高原谅能力的几条策略。

①应对自责的心理策略

如果我们犯了错，我们常常会用自责、负罪感和悔恨折磨自己，对自己说："我怎么会这么做呢？我应该更了解这件事才对。我就是一个白痴。"但这样的自责毫无益处。

如果我们的思维一直执着于某一次失败，结果并不会产生任何改变，只会使我们产生更强烈的情绪。由此可见，过去的经历无法改变，但我们可以积极地塑造未来。我们越早原谅自己，向前迈步，就能越快把僵化的思维和自责抛诸脑后。

②应对责备他人的心理策略

当有人伤害我们时，愤怒是一种正常反应。此外，我们很快会倾向于指责他人，认为是他们做错了，甚至可能认为他们心怀恶意、鲁莽无知。但这样的做法绝不可能推动我们前进。

我们可以提醒自己：别人一直是在自己的能力和需求范围内采取行动。每一个行为都有其积极意图，即使我们个人并不赞成该行为。我们不能指望他人按照我们的想法行事。如果我们总是盯着主观想象中的他人的错误行为,并不断寻找事情的责任人,就会自动使自己成为受害者。然而,如果我们明白他人的行为在其个人世界中是正确的、有益的,我们就能更轻松地原谅他人。因为事实不同于我们常做的假设,他人的行为背后没有恶意,只有想保护自身利益和需求的愿望——这是每个人都享有的权利。

3. 重塑能力——以全新的眼光看待过去

无论发生了什么,我们都可以自由地以一种于己有利的方式评价过去。对此,我们可以使用如下所示的各种问句和陈述句:

① "谁知道这件事有没有好处?"

发生在我们身上的事情通常都是上天给予我们的礼物,而我们在很久之后才意识到其价值。下文的故事正好描述了在事情发生的当下,我们永远无法知道这件事有没有好处:

> 一个老人和他唯一的儿子相依为命,生活在一个小农场里。他们只有一匹马,依靠这匹马耕田种地,勉强糊口。有一天,这匹马跑丢了。村里的人来到老人家里,呼喊道:"啊!多么不幸啊!"但老人却平静地答道:"谁知道呢?谁知道这件事有没有好处?"
>
> 过了一周,这匹马跑了回来,还领着一群漂亮健硕的野马一起回到农场。村里的人又来了,说着:"这是多么

不可思议的福气啊！"但老人还是说："谁知道呢？谁知道这件事有没有好处？"

过了几天，老人的儿子去驯服一匹野马，但不慎从马上摔了下来，摔断了腿。这下子老人只能一个人扛起农活。村里的人又对老人说："多么不幸啊！"老人仍然回道："谁知道呢？谁知道这件事有没有好处？"

又过了几天，老人所在的国家和邻国爆发了战争。军队的士兵来到村子里征兵。村里所有的年轻人不得不上前线打仗，许多人命丧战场。但是老人的儿子却因为摔断了腿而免于征召，留在家中。"谁知道呢？谁知道这件事有没有好处？"

我们永远无法知道生活中的种种会将我们引向何方。某一次失败可能会结出十分宝贵的果实，而这是我们在事情发生的当下难以想象的。我们也可能因为以往的消极经验而遇到好事。此外，我们的失败经历往往是能够激励他人的励志故事，助力其个性发展。他人可以借鉴我们的经验教训，不必再亲身经历同样的错误。

②"这是世界末日还是微不足道的灾难？"

对我们来说，许多事情在发生时就像世界末日。然而一旦我们仔细观察并问自己："这件事在我的整个生活中到底有什么作用？"我们就会很快意识到，大多数事情都是微不足道的灾难，之后的某一刻它们都会变得不再重要。每一种消极感受都会在未来的某一刻消失。接着，已发生的事情和我们所说或所做的事情变得无足轻重。在未来的某一刻，我们甚至会忘记这些微不足道的灾难。谁还能说出十年前的今天所发生的微小灾难，有哪些对自己的生活仍有重要意义？

⑤ "这种情况和这种感觉也会消失。"

我们已经探讨过，生活中的一切都是暂时的，没有什么是永恒不变的。所有痛苦的经历都会逐渐淡化，悄然而逝。我们会再展笑颜，重获幸福，为成功而欢欣鼓舞。同样地，我们也会再次经历哭泣、悲伤和失败。这是不可避免的，因为这就是生命的自然进程。晴天之后是雨天，雨过天晴之后又是雨天。问题在于，在太阳再次照耀大地之前，我们会经历多久的风雨。

学会失败的艺术

成功人士的故事大多光芒万丈。我们很少听说他们会有满是挣扎、怀疑、恐惧、失望、忧虑、失败、问题和挫折的时候。由此，我们的脑海中会形成这样的画面：他们通往顶峰的道路是一条康庄大道。但事实恰恰相反：大多数成功人士在功成名就之前都曾多次失败。

即便如此，我们依旧厌恶失败，因为失败后，我们会感到羞愧，觉得自己一文不值，认为自己丢了脸面。因此，有些人绞尽脑汁，试图通过天衣无缝的计划提前排除所有的错误选项；有些人甚至完全拒绝行动，只是为了避免失败的风险。

但可惜的是，生活中没有绝对的安全。我们不能掌控一切。我们会遇到失败，但他人甚至常常犯更严重的错误。让我们回想一下人类历史长河中的那些错误。

拿破仑（Napoleon）刚愎自用，下令军队远征沙俄。600000士兵只有16000人幸存归国。拿破仑遭到放逐，欧洲历史被改写。

哥伦布（Kolumbus）在将希腊标准海里[①]换算成罗马标准海里时出现严重失误。更为糟糕的是，他的计算还以地球周长的错误假设为基础。这样一来，他最终登陆美洲而非亚洲，为西班牙夺得世界霸主的地位铺平了道路。

英国迪卡唱片公司（Decca Records）以"吉他乐队已经过时"为由拒绝甲壳虫乐队的签约——后来该乐队签约百代唱片公司（EMI），成功改变了世界音乐发展史。

比萨斜塔建于沙土和黏土之上，修建过程中塔身开始向一边倾斜，现在却成了世界上最受欢迎的景点之一。

当荷兰人第一次登上澳大利亚大陆时，他们认为这片大陆十分"乏味"。英国得以在164年后将澳大利亚纳入其殖民帝国的

---

① 海里：一种国际度量单位，在不同的国家有不同的标准。——译者注

版图。

每个人都会犯错，有时甚至无法避免犯错。但我们总是可以选择自己面对失败的态度和反应。如果我们能把自认为错误的东西理解为反馈，用以调整自身行为，我们就可以从过往的经历中快速解脱出来。这样一来，我们会在消极的经历中搭建解脱的阶梯，而非设置绊脚石。

我们作为"人"的价值不会因自身的过错而受损

当我们犯错时，我们常常会由此产生关于自己的绝对想法，比如："我这次失败了，因此我是一个失败者。"当我们把自己和失败等同起来时，这会对我们的自尊和自信造成毁灭性伤害。我们的大脑由此开始了一场邪恶的游戏。我们越来越多地、不自觉地想："我最好不要这么做，因为我可能会失败。"我们回避挑战，因为每一次失败对我们来说都像是世界末日。

只要我们把自己作为"人"的价值和自己的成功或失败混为一谈，我们就注定永远觉得自己一文不值。如果托马斯·爱迪生（Thomas Edison）将实验失败看作自尊的指示标，那他在第一次实验失败后就会对外宣布自己是一个失败者，并放弃照亮世界的目标。

我们不能仅仅因为自己犯了一次或几次错，就认为自己是一个失败者。我们作为"人"的价值不会因为犯错而减少，因为我们并不等同于我们所犯的错。原则上，我们不应该从自己的失败中推断自己的价值，而应该将失败和错误视为我们不想要的结果。然后，我们应该再次采取行动，取得不一样的结果。我们可以使用一些有助于增强自尊的句子，将注意力从自身的缺点上移开，比如："是的，我失败了。但我拒绝因此而贬低自己，因为我并不等同于我的失败和错误。"

★ ★ ★

不再纠结于过去的实用策略

策略 1：深层沟通

你的感觉想被你好好体会。当我们遭遇困难、受到沉重打击时，我们会感到痛苦，有时只是轻微的痛苦，有时却是近乎难以承受的剧痛。这都是正常的。如果你遇到这样的事情，不要归咎于自己，也不要试图责怪他人或寻找原因。不要试图驱散任何不愉快的回忆，即使你与这件事有关系，也不要为此而谴责自己。你是一个人，人都会犯错，这是不可避免的。所以，请你接受事实。事情已经发生了，你无法改变过去。请你有意识地调整自己的呼吸，告诉自己当下的感觉肯定会过去——就在你接受自身感觉的那一刻。

策略 2：选择放下

无论何时何地，你都可以选择放下某种感觉。放下并重新看待过去的消极经历，这件事一直都取决于你自己。例如，你可以对自己说"我不是非得现在处理这个问题"或是"这件事的背后一定有特定的积极因素，只是我现在还不知道罢了"，从而轻而易举地将注意力转移到其他方面。当你把注意力转移到其他事情上时，你已经有意识地选择放下你对过去的负面情绪。

策略 3：24 小时游戏

唐·舒拉（Don Shula）是美国国家橄榄球联盟历史上最成功的教练之一。他在训练时运用独到之法，带领队伍取得前所未有的成功。他认为，想要保持向前发展、实现目标的力量，就不应该将自己的成功和失败定性定式。如果我们过度沉溺于成功，就会变得过于自信，从而丧失干劲，不再像之前那样为实现目标而努力奋斗。如果我们过度沉溺于失败，就会失去能量，自身竞争力也会连连受损。

因此，不管是放肆地庆祝胜利，还是对失败进行反思，舒拉都只给他的球员和工作人员 24 小时。他会鼓励大家在这段时间内尽情地感受所有情绪。过了这 24 小时，就要将成功和失败抛诸脑后，专心准备应对下一个挑战。

策略 4：失败会让你获得好感

虽然你可能不信，但你的错误会让你更加讨喜。想象一下，一个超级英雄一下子就战胜了所有人。这样的故事难道不是很无聊吗？你要知道，你可以有弱点，也可以犯错。正是那些与你的失败经历有关的故事让你变得有趣、有人情味儿。

策略 5：制止你内心的批评者

当你经历失败，正感觉非常糟糕时，谁会在此时开始工作？是的，正是你最大的敌人——你内心的批评者。你的脑海中一直上演着一出戏剧，它比现实生活中的任何一部戏剧都更有说服力。因此，从现在开始，你要密切关注自己内心的批评者，这样才能识破它的诡计，见招拆招。

当你再次失败并自我贬低时，可以试试以下策略：

◆正面回击内心的批评者。"你现在到底在说什么？你是个白痴吗？"在这些句子的冲击下，你内心的批评者很快就会败北。

◆改变内心批评者的语气。用尖锐的女高音或很性感的男低音对自己说几句否定自我的话。尝试改变自己的音调，直到你忍不住发自内心地笑起来。

◆把你的自我批评当作歌词，唱给自己听，感情越夸张越好。

策略6：用正确的问题转移注意力

放下消极情绪的一个快速方法是通过问自己问题形成不同的焦点和视角。你的注意力应该放在未来而不是过去，应该聚焦解决方案而不是问题所在。

如果你把注意力放在消极的事物上，你会自然而然地感到难受。如果你专注于积极的事物，你会感觉良好。不要问自己"怎么会发生这种事？""为什么我当初不那么做？""我当时为什么要这么说？"。你可以问自己以下问题：

◆这种情况的积极面是什么？

◆我可以从中学到什么？

◆这对我的生活有什么帮助？

◆什么地方还可以改善？

◆现在我陷入了什么样的心理模式？

◆我现在可以改进自身个性的哪一方面？

◆我现在可以做些什么？

当你再次纠结于过去时，请具体思考上述问题。你已经找到了哪些问题的答案？如果找到了的话，答案具体是什么？在这一练习中，你不必立刻找到所有问题的答案，因为找到有些答案需要时间。

策略7：明白自己不知道他人的真实想法

我们因为失败而丢了面子，这种想法往往只是我们一厢情愿的幻想。如果一个朋友拼尽全力但还是失败了，我们会认为他是失败者吗？通常来说，我们对这一问题的回答都是"不，当然不会"。那为什么我们会认为当我们失败时，别人会觉得我们是失败者呢？

以下三点内容可以帮助我们从自认为知道他人想法的陷阱中跳脱出来：

①认为自己知道别人在想什么，那只是我们的幻想。事实上，我们捏造的他人想法往往只是我们自己的想法。

②每个人都要面对自己的挑战、问题和失败，每个人也都可以学着如何处理这些事情。别人忘记我们的失败要比我们忘记自己的失败快得多，因为他们都有自己的问题要处理。

③我们对自己的要求总是比别人苛刻，甚至我们常常是唯一对事件作出如此消极判断的人。别人可能会赞叹我们的勇气，同时希望自己能像我们一样果断地采取行动。

第五章
不带着怒气生活

"心怀愤怒就像自己喝下毒药却期待对方死去。"

——禅语

一千个生气的理由?

在日常生活中,我们会遇到无数种让自己生气的情况。当有人让我们空等或不友好地对待我们时,当我们感到失望或受到批评时,我们都会生气。当同事没有将自己的咖啡杯放进洗碗机时,当伴侣宁愿把袜子扔在地上也不愿意放进洗衣篮里时,我们都会生气。当我们没有赶上公交车,眼睁睁看着它从面前开走时,当某人不接我们的电话时,当我们不得不做一些自己不想做的事情时,我们都会生气。当我们所做的事情没有成功,没有取得任何进展时,我们通常也会生气。

面对此类情况，我们会有完全不同的反应。有些人会将怒气立刻宣泄出来，回以尖锐的语言攻击；有些人会对激怒他们的人冷眼相待；有些人会强忍愤怒，怒气会随着事情的发展而与日俱增；有些人为了获得认可和同情，发泄心中的怒火，会和朋友或熟人详细讨论激怒他们的人或事；有些人选择分散自己的注意力，做运动或享乐消费；还有些人会以幽默化解愤怒，以积极的方式重新解读当时的情况，积极寻求解决方法。综上可见，处理愤怒的方式有无数种。但哪种方式最合适呢？对此，无论是愤怒心理学研究还是与之相关的合理性研究都没有给出明确的答案，原因在于以健康的方式处理愤怒，需要综合多方面的因素和假设。

我们怎样才能有效处理愤怒，摆脱愤怒的控制？为了找到这一答案，我们首先要搞清楚这种情绪本身是怎么回事。

愤怒到底是什么？

心理学认为愤怒这一情绪有两个组成部分，即我们所感知到的痛苦和由此而生的指责。痛苦源自我们认为应受指责的行为或疏忽。我们由此得出一种指责和道德评价，最终产生愤怒情绪。如果这种道德成分并不存在，那我们只会感到痛苦。因此，愤怒主要源于自身的道德价值观念受到违背。如果有人违反了我们的价值观，如礼貌、守时、诚实、守信等，我们就会根据臆测的意图来评判对方的行为。因此，我们总是在不自觉地确定自己是否能将此类情况归咎于某人的无心之举、鲁莽之举或居心不良。我们越是认为对方的意图值得责备，就越愤怒。相比于假设对方的行为是鲁莽之举或居心不良，当我们认为对方完全是无心之举时，心中怒火会更小一些。这只是从我们的主观立场出发来解读他人的意图，但我们会坚信自己的观点是客观的，是与事实相符的。

当然，我们在生活中并不会像上文这样将自身的愤怒分成不同的组成部分。愤怒这种情绪常常会控制我们的心神并导致我们感情用事。我们认为这种情绪都是一样的，没什么不同，所以它会一直紧紧地抓住我们。我们觉得愤怒就是一种自动机制，我们对它无能为力。

但事实上，我们可以选择如何处理愤怒。因为愤怒绝不是不可避免的反应。

受到愤怒影响的四个方面

在介绍我们处理愤怒的行动选择之前，让我们先了解一下愤怒的影响。从根本上来讲，愤怒会在四个方面影响我们：身体、社会、心理健康以及自身目标的实现程度。

1. 愤怒对身体的影响

愤怒是一种低振动情绪，会引起我们身体中的某种化学反应，从而对我们的身体组织产生直接影响。每当我们被愤怒冲昏头脑时，我们的爬行动物脑就会活跃起来，产生对抗、僵直或逃跑等冲动，立刻释放压力荷尔蒙。我们会血压升高、脉搏加快、呼吸急促，内心难以平静，从而无法谨慎地采取行动。

如果我们常常"火冒三丈"，生病的风险就会增大。虽然经常生气不一定会导致长期的健康问题，但研究表明，如果我们一直以不健康的方式处理愤怒，心脏和内部器官受损的风险都会增大。

2. 愤怒对社会关系的影响

根据我们处理愤怒的方式，我们的行为会对社会关系产生积极或消极的影响。当我们谈论隐藏在愤怒背后、未被满足的个人需求，与他人一起寻找解决问题的办法时，愤怒可能会使我们的社会关系压力增多、面临危险、受到破坏，但也可能使其得到促进和加强。对此，"如果我不生气，一切都会好起来"这一箴言并不适用，因为压抑和忍受愤怒也会对自身的人际关系产生潜移默化的影响。为了加强我们的人际关系，我们应该找到对自己最有帮助的处理愤怒的方式。

3. 愤怒对心理的影响

愤怒对我们的心理健康也有很大影响。心理健康在很大程度上取决于自身需求得到满足的程度。除其他因素外，是否愤怒以及有多么愤怒也取决于自身需求的受挫程度。因此，愤怒可以成为自身需求的重要指向标，为我们提供线索，以确定在某一时刻我们有哪些需求未被满足。任何需求都有可能，比如对自由、创造力、身份认同或归属感的渴望。当我们生气时，我们会反复表达未被满足的个人需求。然而，这一过程往往只隐藏在潜意识之中。因此，在某些情况下质疑哪些需求可能受到了损害是一项明智之举。

4. 愤怒对目标实现程度的影响

原则上，愤怒也应该支持我们实现自身目标，因为愤怒可以产生行动能量，推动我们前进。目标实现程度取决于自身的目标以及我们对激怒自己的人或物的反应。对他人大喊大叫很难帮我们结交新朋友。退缩、对他人冷眼相待也无益于解决问题，反而还会损害我们与他人之间的关系。因此，愤怒应该符合自己的目标。然而，我们往往会在匆忙之间彻底忽视这一点。

是否放任自己成为愤怒的囚犯？

我们总是可以自由地决定如何应对某一情况。即使我们感觉自己被冒犯、被伤害、被嘲笑、被不公平地对待或背叛，我们也可以决定自己的反应方式。这正是我们的自由和自主决定程度的所在，正如"内心世界的维度"一章所提及的那样。

你现在可能会想："是的，但是愤怒是一种非常正常的感觉。只有某人或某事让我不高兴时，我才会感到愤怒。愤怒是健康的，因为如果我不把这股气撒出来，我可能会气到胃溃疡。"

原则上确实如此，因为愤怒是一种有用的情绪。它向我们发出了信号，表明有些事情不对劲，有人已经逾越界限或阻碍我们自由发展。情绪本身不是问题，如何处理情绪才是问题。如果我们在面对某些情况或某些人时，不假思索地以愤怒回击，我们就会成为环境的受害者，浪费了自己宝贵而有限的生命能量。

我们怎样才能以健康的方式处理愤怒？

对愤怒的相关研究建议采用有针对性的方法来处理愤怒。心理学西奥多·鲁宾（Theodore Rubin）等科研人员主张遵循本能、激烈地表达愤怒，因为释放愤怒对身体和心理健康没有消极影响，而压抑愤怒往往会产生消极影响。从长远来看，人际关系也会因释放愤怒而得到加强，因为情况一目了然，一切都没有被郁积于心。但这种方式也有缺点，如果所有人都无所顾忌地宣泄愤怒，那么社会交往就会更具攻击性。

另外，心理学家罗尔夫·韦雷斯（Rolf Verres）和英格丽·索贝兹（Ingrid Sobez）等愤怒情绪研究人员建议，我们首先要全面感知愤怒。接着，我们才应该评估愤怒是否合适。根据评估结果，我们可以有意识地采取行动，解决问题。之后我们可以从心理上放下愤怒和整个事件。

无论在什么情况下，某些反应都能帮我们快速处理愤怒、满足自身需求、实现个人目标。目前的研究充分证实了这一点。一般来说，言语攻击、退缩、压抑愤怒、冥思苦想和自责都会阻碍我们处理愤怒。

以下反应方式能帮助我们处理引起愤怒的情况：

◆和平的解决导向；

◆积极地重新解读当下的情况和对方的基本意图；

◆关心对方；

◆不自责。

综上所述，处理愤怒的恰当方式因人而异。每个人都必须选择适合自己的方式，避免愤怒的消极影响。

发掘愤怒的触发因素

有趣的是，某些特定的信念往往是基于愤怒而形成的，而这些信念又促使我们恼怒地对待陌生人、同事、老板、朋友和伴侣。通常情况下，在我们感到愤怒时，会活跃起来的限制型信念有以下五类。

1. 我们希望别人满足我们的期望

当我们生气时，我们常常希望世界和其他人能够遵循我们的想法。这一愿望背后的潜意识态度是："满足我的期望！按我说的做！你要按照我的方式行事！"人类总把自己当作世界的中心、万物的尺度。我们期望一切都能按照我们想象的方式运作。对此，我们应该停下来，反思一下：地球是否真的只围着我转？我是否可以一直判定事物的发展状况？我的规则是否全然适用于他人？

2. 我们剥夺了别人成为他们想成为的人的权利

恰如前文所述，愤怒的背后总会有道德评价。当我们生气时，我们通常会想："我是对的，这一点怎么能被怀疑呢？"但除了我们自己的观点，还有无数的真理。他人可以在合法合规的情况下，做任何不同于我们的希望的事。这是他们的权利——就像我们有权利按自己的想法行事一样。如果某人不喜欢拧好牙膏盖、合上马桶盖、做完饭后立即清理厨房，那是他的权利，不是我们能决定的。如果某人的生活理念是抱怨、发牢骚和不断批评他人，那是他的事。如果有人喜欢超前消费，那也是他的事。我们可以持不同意见并表达出来，但改变与否的选择权在对方手中。

3. 我们想挽回过去

如果发生了一些让我们愤怒的事情，而我们自己在其中起到决定性的作用，我们常常会希望自己当初没有这么做过，我们希望这件事不要发生。我们被这样的感觉所折磨：如果当初采取不同的行动，事情就会有所不同。但无论我们做什么，过去永远不会改变。

我们可以从其他角度思考过去，重新解释所发生的事情。例如，在这种时刻，我们可以提醒自己：一般来说，这件事在我们整个人生中没那么重要。

4. 我们内心感到内疚

当我们对某事或某人感到愤怒时，我们往往不愿意承认是自己的决定和行为造成了当下的局面。举个例子，当我们因为找不到某样东西而生气时，我们会不自觉地责备自己之前不够细心，可能弄丢了这样东西。当我们因为没有赶上公交车而恼怒时，我们会不自觉地责备自己没有早些从家出发。当我们和某人发生争执时，其实我们很清楚自己也要对此承担责任，但我们往往不愿意承认这一切，从而加剧了我们的愤怒。

我们应该承认自己在某种情况下扮演了什么角色。宽容地面对自我会帮助我们化解愤怒。自我责备不能改变现状，只会适得其反。此外，我们一直保持愤怒，怒火也会烧及自身，还会损害我们的自尊心。

5. 次级收益：愤怒带给我们好的感觉

有时候，我们暗自觉得能愤怒是件好事，因为这样一来，我们就可以把自己看成是"受委屈的可怜受害者"。然后，我们会得到他人的同情、鼓励和关注，这些东西会给我们当下的幸福感带来积极影响。在道德层面，我们会觉得自己相比于"责任人"更有优越感，从而成为当前情况下所谓的赢家。然而，这种策略并不会产生真正的积极效果。问题没有得到解决，我们也不会觉得自己摆脱了愤怒。

终结愤怒的自动模式

在前面关于五种能力模型的章节中，你已然知晓自己每时每刻都在经历认知、思维、感觉、言语、行动这五大过程，并由此创造属于自己的经历。如果你对某件事感到愤怒，这些过程会在几秒甚至几毫秒之内无意识地完成运行，就像你产生其他情绪时一样。如果你想放下自己的愤怒，你现在就已经掌握了控制愤怒或避免愤怒的能力。就像应对其他形式的自我破坏模型一样，你可以通过有意识地影响自己的五种能力来摆脱愤怒的掌控。接下来，让我们详细看看在愤怒时，这五大过程是如何进行的，我们又可以采取哪些解决方案。

1. 无意识的认知

"愤怒引爆器"点燃了你心中的怒火。通常情况下，引发愤怒的是以下四个原因之一：

◆你的界线受到了践踏或逾越。

◆你的价值观受到了损害。

◆你的需求没有得到满足。

◆在你看来，某人的行为应该受到指责，即无心之举、鲁莽之举或居心不良。

解决方案：有意识地聚焦当下

如果你把感官知觉集中在当下的感觉上，并客观中立地加以描述，你就可以获得时间来审视和重新定位自己的思维。为此，你首先要将自己的注意力转移到当下，不要把心思放在情况评价上。你要专注于自身的感官知觉，并在自己愤怒的那一刻问问自己：

◆我现在到底看到了什么？

◆我现在到底听到了什么？

◆我现在到底闻到了什么？

◆我现在到底尝到了什么？

◆我现在到底触摸到了什么？

2. 无意识的思维

有了认知，想法就会在电光石火之间形成，直接引发愤怒情绪。情况不同，想法可能也不同，比如你可能会想："他怎么敢这么做？""我为什么这么说？""我为什么没有多加注意？"

解决方案：改变你的思维

接下来，你要注意自己到底在想什么。一旦你有意识地观察自己的想法，你就可以改变它们，并在你的内心产生一种高振动情绪。由于你的思维进程很快，你可能无法立刻意识到自己的脑海中发生了什么。但你越是仔细观察自己的思维，你就越不容易被愤怒所控制，因为现在的你可以自由决定要形成什么样的想法，以及因此而产生什么样的感受。比如，你可以练习这样想："我在这里，那里是让我生气的人或事，我们不是一个整体。我可以自由选择自己的感受，我可以有意识地选择不像自动机器一样愤怒以对，而是对自己的反应负责。"你也可以不加任何评判地简单描述某一情况，比如："他的所言所行惹怒了我。"然后，你要马上接着说："但我不会像往常一样沉浸到这种情绪中。"

3. 无意识的感觉

在很多情况下，我们难以建设性地改变自己的想法、控制自己的感情。然后，情绪自动驾驶仪就会立即报告并宣布："好的，明白了！现在是感受愤怒的时候了。"接着，你会立即感到愤怒，并且大多还伴有忧虑、失望或悲伤等情绪。

解决方案：控制你的情绪

控制情绪并非总是轻而易举的，特别是当我们的爬行动物脑被愤怒激活时。在那种情况下，平静而理性地做出反应几乎毫无可能。如果你按照前面的策略成功控制了自己的思维，那你就能积极主动地处理自己的情绪。

4. 无意识的语言

你可以通过语言层面直接影响自己的感受。通常情况下，你可能会这样说："真是个白痴！他以为他是谁？"或是："我简直要气死了！"

解决方案：改变你的语言

你可以通过有意识地使用语言来支持你做出期望中的情绪反应。让我们来看两个句子：

◆ "那个白痴，我永远不会原谅他！"

◆ "我接受对方选择不按照我的期望行事。我可以从此得到自己想要的结果。"

哪句话对处理引发愤怒的情况更有帮助？显而易见，第二类句子更能帮助我们快速放下愤怒。我们可以仔细挑选自己与他人交流时的用语，从而有意识地调控自己的情绪。

5. 无意识的行动

你的行动都是基于你对某一情况的评价。当你愤怒时，你可能会用语言攻击别人，开始哭泣或选择离开。

解决方案：改变你的行为

当你生气时，你可以有意识地做一个跳过动作，以迅速放下愤怒。某人批评了你？那你可以给朋友打电话，告诉他你最近在工作上取得的成绩。你被辞退了？那你可以好好利用这个机会做做运动。你的期望落空了？那你可以好好泡个澡。你会惊奇地发现，这些与你遇到的事件毫无关联的事情会很快改变自己的想法。由此，你可以冷静下来，并开始有意识地面对愤怒。你可能无法立刻做到不再不由自主地愤怒，因为愤怒和其他消极情绪一样，都是一种习惯。但是，你越是经常意识到自己可以选择认知、思维、感觉，你就越能逐渐从愤怒中解脱。

★ ★ ★
控制愤怒的策略

策略1：对自己的想法有一个清晰的认识

如果你想终结你的愤怒，那么对你的想法有一个清晰的认识是很有帮助的。你可以问问自己下列问题，从而识破愤怒的诡计：

◆ 到底是什么或者是谁惹怒了我？

◆ 为什么我会对这种情况感到愤怒？

◆ 除了愤怒之外，还伴有什么感觉？是悲伤、恐惧、绝望、忧虑还是其他感觉？

◆ 如果可以，我想用什么感觉来代替愤怒？

◆ 此时此刻，是什么在阻碍我感受另外一种感觉？

◆ 为了产生这种感觉，我可以想些什么？

请你在内心的世界里徜徉，直到你找到有用的想法并跟随这一想法前行。

策略2：说出来

如果你想快速放下愤怒，你首先应该客观地感知和接受愤怒。

如果你说出事件情况，客观中立地进行观察而非立即加以评判，你就会在自己和激怒你的人或事之间建立内在的心理距离。接着，你要详细地表述是谁或什么激怒了你、为什么会激怒你。

然后,你要描述自己在那一刻的感受,你同样不需要加以评判或纠结于此。比如,你可以这样说:"我生气是因为自己受到了批评。""这个结果让我很难过,因为我对此付出了很多努力。""我对自己感到恼火,是因为我做得不如想象中的好。""他的行为让我很恼火。"

通过这种方式,你能立刻与折磨人的愤怒划清界线,保持距离,让自己的爬行动物脑冷静下来。

策略3:正确看待愤怒

如果你问自己下列问题,你可以很快就处理好自己的愤怒以及其他随之而来的消极情绪:"与那些刚刚得知自己身患绝症、时日无多的人相比,我的情况到底有多糟糕呢?"

始终坚持正确看待发生在自己身上的事。这些事往往没有我们想象的那么糟糕。

策略4:让别人做自己

把自己从对他人的期望中解脱出来。请你记住:无论你对他们的行为赞成与否,每个人都有权决定自己的生活。当你对某人生气时,问问自己:

◆ 为什么对方会这么做?他追求的兴趣是什么?

◆ 为什么对方敢这么做?

◆我有权利告诉别人应该怎样做吗？

策略 5：奖励自己体会新感觉

如果你想把顽固的愤怒转化为其他感觉，你完全可以用奖励自己这个方法，毕竟你已经忍受了这种使你生气的情况。做点让自己舒服的事，比如请自己吃点好吃的、做个按摩、和朋友一起去一家不错的餐厅用餐。由此而生的积极感觉会使愤怒成为背景板并逐渐消散，你将有机会对激怒自己的情况形成新的想法、评价和感受。

策略 6：反愤怒的紧急策略

在愤怒即将作为直接反应出现的时刻，做五次深呼吸，每次呼气时有意识地沉下肩膀。这样一来，你的身体会立刻得到放松，你也有时间去思考自己该作何反应。然后，请你不问缘由地笑一笑，代替愤怒。为什么要这么做？因为你无法在欢笑的同时生气。

第六章
从忧虑中解放自我

"我所担心的事情大多数都没有发生。"

——斯文·赫定（Sven Hedin）

我们是忧虑的受害者吗？

所有事情都可能出问题，谁不曾有过这样的想法呢？"我肯定会再次遇到交通堵塞。""如果我错过了火车该怎么办？""我肯定会在假期里生病。""为什么孩子还没有回家？他是不是遇到了意外？""我肯定忘记关燃气灶了。""老板肯定不喜欢我这么做。""我真的能做到吗？"

在想象未来可能出现的各种不幸的场景时，我们似乎拥有无穷的创造力。因此，我们的忧虑无休无止。但这些往往都是无稽之谈，因为事情通常不会像我们所担心的那样发展。回想过去，我们会发现自己完全不必担心。

忧虑的魔力：让你忧心忡忡，不知所措

在我们的社会生活中，忧虑思维似乎是样好东西。许多人早早就学会了忧虑，因为他们的父母就是如此"以身作则"的。父母们不停地为孩子操心劳神。孩子们不准爬树，不准奔跑，要慢慢走路，得把每一粒米都吃完，这样才能长得高大强壮。说到自己的生活，父母们会担心自己失业、生病或丢失财物。此外，他们还会为未来忧心忡忡。孩子们会不自觉地模仿、学习他们的父母。长大成人后，他们也会认为忧虑是一件理所当然的事。

但大多时候，忧虑不过只是令人手足无措、自我束缚的想法罢了，对我们没有任何帮助。许多人因为自己的忧虑而成为生活的囚徒。他们做着能给予自己"良好生活"的工作，每周要工作40、50甚至60个小时，但感受不到幸福和快乐。大多数时候，他们都得不到真正的满足。许多人的薪水只达到"不辞职"的底线，离"满意"还差得远。他们不想承担重新找工作的风险。他们会担心："也许那儿也不会好到哪里去。"他们也可能梦想着创业、做自己喜欢的工作，但他们担心自己赚不到多少钱。有些人为求心安，买了无数的保险，但很多保险不过是被保人的赌注罢了。有些人一直执着于一段平淡乏味的亲密关系，只是因为担心

自己再也找不到伴侣。还有些人满怀忧虑地认为自己会身患恶疾，并暗自等待这一天的到来。这类想法可能变成预言，在我们的"努力"下成为现实，因为我们的潜意识热衷于证实我们所相信的事情。我们内心里住着一个证据论者，他会努力实现我们所有的期待和担忧。因为只有这样，我们的世界模型才能保持一致。这一点我们在有关清晰思维的章节中已经探讨过了。

忧虑改变不了未来

忧虑是最无益的精神追求之一，因为它根本不会改变未来。忧虑对事情的发展没有积极影响。你既不能用它预见未来，也不能用它计划未来。你无法靠忧虑阻止战争、疾病或死亡。即使你忧心忡忡，你也并不能因此而改变自己所担忧的事情。

忧虑只会对你的幸福产生消极影响，因为它会使你心情沉重，感到无助和恐惧，它还会使你丧失理性思考的能力。此外，因为"忧虑"这一层过滤器的加持，你会完全沉浸于编造各种问题。

请记住，生命非常之短暂。如果你的忧虑阻碍你自由自在地生活、实现梦想、享受人世间的每一天，这难道不是一种难以估量的浪费吗？如果你被忧虑一次又一次地束缚，你可能会在临终之际奢望自己的人生能重来一次，但那时一切都太晚了。

忧虑如何影响我们？

不管你是担心自己还是担心别人，不管你是有生存恐惧还是担心自己无法实现目标，你在潜意识中总是进行着同样的思考过程。这一过程发生在你的内心世界，它会让你用最写实的语言描述自己的忧虑。

当你心怀忧虑时，你内心世界会进行这样的恶性循环：

◆你想象事情会如何出错；

◆你认为可能而且是很可能会出现消极结果；

◆你只想着可能会出现的消极现实，屏蔽所有其他可能性；

◆对消极未来的种种想法使你在当下感到悲伤、不安、灰心或恐惧；

◆内心愈发不安，你开始冥思苦想，但却不能理性思考以及考虑其他可能性；

◆你感到手足无措，甚至可能感到恐慌。

◆你的动力下降，所有积极的情绪都消失殆尽。

如何打破忧虑循环

如果你不想被忧虑循环牵着鼻子走，你可以采用新的思维模式取而代之。对此，"快乐的期待"可以帮到你。当你再出现忧虑情况时，直接试试这个方法吧：

1. 想一想让你满心忧虑的情况。

2. 对自己说出鼓舞人心、充满希望的语句，如"一切都会好起来的。即使情况不能好转，我也能处理好。""我现在不打算纠缠于自己的消极幻想之中。我本来就无法得知事情会怎样发展。"

3. 提醒自己，过去你曾多次产生不必要的担心。

4. 设想至少三种可以改变情况的积极方式。

5. 选择其中一种可能性，认识到它与其他可能性一样。

6. 用积极的方式描绘事件结果。在你的脑海中创造积极的图像，深入体会"未来"这部电影。你越想着一切都会顺利，你的想法就越可能成真。潜意识会是你强大的盟友，尽一切可能向你证明这个想象能成为现实。

7. 有意识地感受自己的勇气和信心。

根据五种能力模型，下表总结对比了两种心理策略。

内心世界的维度	无意识的心理策略	有意识的心理策略
认知	忧虑	忧虑
思维	你认为某一消极结果可能并且是很可能会出现。	你有自主意识地认为某一积极结果可能会出现。
感觉	你感受到恐惧、紧张、不安、惶恐等消极情绪。	你感受到信心、平和与安宁等积极情绪。

续表

内心世界的维度	无意识的心理策略	有意识的心理策略
言语	"这件事不会有好的结果。"	"这件事可能有三种积极的结果……"
行动	退缩、手足无措。	跃跃欲试、动力。

表 2-1 应用五种能力模型解决忧虑问题

此外,你可以在下文的实用策略中找到更多摆脱忧虑的方法。

★ ★ ★

摆脱忧虑的实用策略

策略 1:培养更多的自信和内心的平和

每当事情的结果优于你的预期,你就应该清楚地意识到这一点。比如,你可以对自己说:"我又杞人忧天了。最终结果并不像我预想的那样糟糕。这意味着,我完全没必要担心,因为大多情况下,事情都比我想象的好得多。"

你要锻炼自己少做无谓的担心,更多地活在当下,更坚定地相信自己。你的忧虑循环将会随着时间的推移而消减,因为你会一次又一次地体会到,你所担心的事情在大多数情况下都不会出现。

策略2：细致地分析忧虑

请你仔细分析你的忧虑。思考下列问题并写下答案：

①你到底在担心什么？请你详细描述自己所担心的情况。

②你为什么会担心这种情况？你在害怕什么？

③你想保护自己免受什么影响？你想避免什么？

④是什么让你无法相信积极的结果可能会出现？

⑤什么信念能支撑你相信积极的结果比消极的结果更可能会出现？

⑥你可以用什么感觉来代替忧虑？你会更倾向于什么感觉？

⑦你可以用哪些肯定自己的话，让自己感受到想要的感觉？

⑧摆脱忧虑的第一步是什么？第二步又是什么？

通过这种方式，你会意识到自己忧虑时的内心想法，获得清晰的认识，有针对性地培养新的思想。

策略3：向自己提出更好的问题

在关于语言的章节中，我们已经了解到问题的质量可以决定生活的质量。当你心怀忧虑时，你可以问自己以下问题，帮助自己快速摆脱忧虑循环：

①我能否肯定地说，我所担心的消极结果在未来一定会发生？

②消极的结果真的比积极的结果更可能会发生吗?

③事情还有哪五种可能?

④我希望得到哪种结果?

⑤我可以想些什么来终止自己的忧虑?

策略 4：设定忧虑期

你可以发挥自身能力，有意识地调控自己的思想。

设定一个有时间限制、精确计时的忧虑期，如每天下午 5 点 30 分到 5 点 45 分。当你注意到自己在担心时，就对自己说："此时此刻，我正心怀忧虑。我现在要将这些想法搁置，等到忧虑期再考虑它们。我会在下午 5 点 30 分彻底解决自己的忧虑。"

请你把自己的忧虑写下来，在下午 5 点 30 分拿出这份笔记。从那一刻开始，你可以有 15 分钟的时间彻底沉浸在自己的忧虑中。将自己那颗杞人忧天之心发挥到极致，想象最黑暗的未来场景，将自己的忧虑和消极的事件结果夸大到极致。你很快就会意识到，这是多么荒唐的事情，忧虑期也会逐渐从你的生活中消失。

策略 5：你不是预言家

也许你和许多人一样，喜欢把未来描绘成一场大灾难。但你要意识到，你不是预言家。你无法知道某件事会不会发生。你的大脑之所以倾向于消极看待未来，是因为它害怕未知，害怕遇到自己不能解决的问题。想清楚这一点以后，你会更有把握应对生活中的许多困境。所以，在下一个困境中找到出路，不也是很有可能的一件事吗？

策略6：使用概率计算

为了使我们的生活更加轻松，我们的大脑已经掌握了一记妙招，那就是让我们相信，未来的事情会像过去一样发生，一切如旧。但这纯粹是自欺欺人。一件事并不会因为它曾经发生过就具有更高的发生概率。

因此，如果你心怀忧虑，就问问自己："在0~100%的范围内，这件事的发生概率是多少？"你很快就会意识到自己根本无法确定这一数字，因为许多条件都会影响事情的走向。既然如此，为什么还要假设某件事会出现消极的结果呢？

策略7：三思而后行

你可以养成习惯，在计划开始之前充分发散忧虑思维，三思而后行。具体方法如下：

①拿一张纸和一支笔，写下你对计划的所有担忧之处：所有可能的出错点、你所害怕的一切以及可能发生的最坏情况。这需要你充分发挥创造力和想象力，不留余地地设想最糟的情况。

②撕掉或烧掉这张纸。

③另找一张纸，参考以下内容，写下一句或几句适合你的肯定语："我会做到的。""我已经开始了，一切都会顺利。""别人能做到，我也可以做到。"

④开始执行你的计划。

⑤如果你又忧虑起来，就拿出这张写有肯定语的纸条，用增强自信的肯定语代替心中的忧虑。

⑥如果你的忧虑继续困扰你，就把它们推迟到下一个忧虑期吧。

第七章

学会做决定

"犹豫不决是最糟糕的决定。"

——本杰明·富兰克林（Benjamin Franklin）

有关决定的心理学知识

我们每天都会做出大约两万个决定。"穿什么衣服？""早餐吃什么？""今天出门骑车还是开车？""我应该先回复电子邮件还是先和关系要好的同事聊天？"在新的一天正式开始之前，我们就已经做出了无数决定——其中大部分决定是我们在一瞬间不自觉地自动做出的。若非如此，我们将难以生存。那些说自己无法做决定的人，其实已经做出了决定。因为他们其实在说："我决定了自己不做决定。"但他们认为这是"决策无能"。

为什么会犹豫不决？

所谓的决策无能所表现出来的犹豫不决，背后隐藏着许多心理过程。我们将在这一章节中详细介绍这些心理过程。犹豫不决的原因包括：

1. 过去的决定产生了消极的结果

我们经常会有这样的经历：我们的决定带来了自己不希望看到的结果。这对我们来说十分痛苦，所以我们会恐惧做决定。与其做一个可能产生消极后果的决定，我们宁愿根本不做决定。

2. 害怕决定所产生的后果

我们害怕自己的决定会产生消极影响，害怕自己会错过什么，害怕自己让人失望，甚至害怕遭遇失败而失去面子。这种恐惧是如此微妙，以至于我们通常意识不到它。

3. 思维误区

我们一直受限于自己的思维误区。之所以会出现思维误区，是因为我们心中的限制型信念，我们没有清晰且精准的思路。我们的决策能力往往受限于哪些思维误区？我们将在下一章仔细探究这一问题。

4. 自信心不足

缺乏自信的人既不相信自己能做出好的决策，也不相信自己能应对决策所带来的后果。即使是小小的障碍也会被他们认为是不可逾越的。缺乏自信的人做出决定的过程几乎都充斥着不确定性、反复无常和挫败感。

5. 过分重视他人的意见

他人的看法往往对我们非常重要。我们希望自己看起来有吸引力、聪明，自己的所作所为都能得到认可。但某些人会过度夸大他人意见的重要性。对他们来说，别人的意见是自己行动的指南针。一旦我们把别人的意见看得比自己的想法更重要，我们就会像风中的旗帜一样随风飘摇，不能做出真正属于自己的决策，只会不自觉地做出符合别人期待的决策。

破坏决策能力的七大思维误区

"希望我做了对的决定。""我根本不知道自己该怎么做。""如果我的决定是错的，该怎么办？"这些语句都透露着决策无能者的无奈。这背后通常隐藏着七大思维误区。如果我们充分认识这些思维误区，就能将其转化为帮助我们简化决策的信念。

第一个思维误区：我们仿佛面临生死攸关的问题。

在做决定时，我们常常表现得好似正面临生死攸关的问题。比如，有些人在餐馆点菜时犹豫不决，好像两道菜之间的选择会决定他们的人生轨迹一般。有些人需要花费很长时间才能决定自己申请哪份新工作，但当他们最终决定申请时，那份工作早就停止招聘了。还有一些人甚至会逃避做任何重要决定，以避免承担责任的风险。

新的想法：我可以在任何时候重新做决定。

几乎任何决定都不关乎真正生死攸关的问题。无论是决定买哪一辆车，住在什么地方，接受哪一份工作，我们一直都拥有走另一条路的机会。重新做出决定可能并不容易，但我们总是拥有重新决定的自由。

第二个思维误区：我们认为决定有正确和错误之分。

当我们想从所有的选项中选出"正确"选项时，我们总会难以决定。事实上，在这种情况下，我们害怕错过更好的那个选项，害怕事情因我们的决定而受挫甚至失败。"如果这不是正确的决定，该怎么办？""如果事情没有成功，该怎么办？""如果我被拒绝了，该怎么办？"这些问题会使我们产生恐惧，害怕让自己或他人失望，因而让我们变得无力做决定。但失望什么时候会出现呢？失望总是出现在当我们的期望与结果不一致的时候。这种情况下，我们会后悔自己的所作所为，问自己："如果我选了另一条路，现在的情况是不是会更好？"但这个问题没有答案，因为我们的世界太过复杂。

新的想法：每个决定都是正确的，对我来说都是一种学习经验。

世界上有好的决定，但没有正确的决定。如果我们因为某一个决定而产生消极情绪，我们就会认为自己之前的决定是错误的。但我们根本无法得知生活会如何变化，也同样无法得知预期的结果是否真的会出现。

因此，我们应该牢记：我们永远无法做出正确或错误的决定，但每个决定都能让我们继续前进，因为每个决定都能让我们积累经验。归根结底，我们要认识到哪些决定是有效的，哪些决定是无效的。这一点，我们只有通过经验才能发现。俗语说得很好："成功基于好的决定，好的决定基于我们的经验，而经验往往基于坏的决定。"因此，我们所谓的"错误决定"总会成为下一次更好的决定的基础。

第三个思维误区：我们向错误的人征求建议。

人们都喜欢给他人提建议，分享自己的意见。和十个人谈论自己即将做出的决定，很可能会得到十个不同的意见。问题是每一个意见都是别人个人印记、经验、愿望和需求的表达。在德语中,"意见"一词的词根本就包含了"我的"这一物主代词,表示这是"我的看法"。可见,他人的意见属于他人,并不属于我们。

但他人的意见常常会被当作无可争议的真理,倾向于引导我们改变选择的方向——虽然这个方向对他人而言是正确方向。对方不会思考他的建议对我们而言是否合适,因为朋友、家人和熟人很少会站在中立的立场上帮我们出谋划策。他们相信自己的建议会帮到我们,但他们的"好建议"往往会让我们产生更多混乱且矛盾的想法。

新的想法:我不向不知情的人问路。

你应该非常明智地选择向谁征求意见。如果你问一个需要安全感的朋友,自己该不该创业,那他很可能会建议你不要这么做并和你分享自己的担忧,在不知不觉中影响你。如果你问重视事业的家人,自己应该去环游世界还是去念大学,他们可能会建议你去念大学,因为他们希望你"过上成功的生活",相信"这样的选择对你只有好处"。如果你问奥迪汽车的销售人员哪个品牌的车适合你,想必你已经猜到答案了。

第四个思维误区:在感觉不好的时候做决定。

很多人会倾向于在感觉不好时质疑自己做出的决定,甚至可能改变决定。比如,当一段刚刚建立的关系出现危机时,我们可能会质疑自己所有的人际关系。当我们因为过度工作而感到压力时，坚持健康生活的决定会突然显得十分困难，我们很快会把自己的决心抛诸脑后。当我们的恐惧失控时，我们会宁愿选择放弃。消极情绪占据主导地位，会让我们觉得自己的决定很糟糕。

新的想法：只在感觉良好的时候做决定。

当我们感觉不好的时候，应该推迟做出任何决定，直到我们重新找回积极的心理状态，恢复全部的精神力量。

第五个思维误区：我们的思维不够精确。

当我们要做决定时，我们的思维往往是混乱的。我们不能清晰且精确地思考如何抉择及其可能产生的后果，轻易掉进思维陷阱，做出明智的决定成了无稽之谈。在有关清晰思维的章节中，我们已经了解过这些思维陷阱。比如，我们会按照"非此即彼"的思维方式或"灾难化"的思维方式去思考，或者认为自己能预测未来。这样的思维方式就像迷宫，深陷其中的我们会迷失方向。我们会一直陷在死胡同里，来来回回，试图走新路也不过是再次碰壁。不能一览全局，我们就找不到精神迷宫的出路。

新的想法：我能区分事实和想象。

清晰且准确地思考自己的选项，区分想象中的结果和实际事实，这种能力对做出好的决定十分重要。"我正在被恐惧牵着鼻子走吗？""这一想法是基于事实还是基于想象？""这样选择还可能产生什么后果？"这些问题能帮我们练习如何准确地思考。为了增强清晰思考的能力，找到不仅能解决当前问题，还有助于解决最终问题的那个选项，我们可以求助于教练或理智的朋友。

第六个思维误区：认为选项十分有限。

许多人常常觉得自己的选择有限，认为自己必须在 A 和 B 之间做出选择，因为他们只看到了这两个选项。如果有人告诉他们实现目标的种种选择，他们通常会说："对啊！我都没想到这一点。"如果我们的目光只局限在少数选项上，我们就会自我限制，因为我们的思维会错过无数选项。

新的想法：我总是有至少五个选项。

我们总是比自己以为的有更多的选择。如果你想做出某项决定，你首先要后退一步，看清全局。问问自己："我想要达成哪些具体的目标？"然后，你至少要想出五种可以实现目标的方法。你会对自己此前从未想到过的选项感到惊讶。

三步决定法

我相信，你已经通过前文了解了阻碍自己做出决定的障碍有哪些，以及如何用新的想法取代限制型思维模式了。

现在是采取行动的时候了。你可以借助下面三个简单的步骤，做出决定——无论这一决定关于什么。

1. 为自己提供最多选择

首先，列举出所有可能的选项，尽可能多地思考替代方案，收集一切对你的决定有意义的信息。不要限制自己，要最大化地发散思维和创新意识。在这个阶段，即使是最荒唐的想法也被允许存在。把每个想法单独写在一张纸条上，贴在墙上或摆在桌面上。对选项进行评价是下一步的事。

2. 建立清晰的思路

依次看一下每个选项，用下列问题逐一评估选项：

◆我的目标是什么？

◆在这个选项中，我能影响什么？我不能影响什么？

◆这个选项可能带来什么消极结果？这些结果会影响谁？

◆这个选项可能带来什么积极结果？我怎样能取得这样的结果？

把每一个选项都思考透彻。接着，检查自己是不是真的清晰且精确地思考了所有的选项，有没有落入思维陷阱。找一位能支持你清晰思考并为你提供动力的好朋友，并在这位朋友的帮助下，思考自己的答案。

3. 选择其中一个选项并采取行动

如果你已经评估了所有选项，那就做出你的决定吧。此处的决定就是一道单选题，排除其他所有选项，获得行动的动力。

由于动力通常很快就会消散，所以你一旦做出决定，就应该立即开始执行。想一想，你可以立即执行的第一步是什么，哪怕这只是很小的一步。重要的是，在动力因为动力–行动漏洞消散殆尽（参见《果断的行动》一章）之前，你要立刻付诸行动。你还要意识到，你永远有机会重新做决定，任何决定都不能让你成为它的俘虏。

★ ★ ★

帮你做出决定的实用策略

策略1：认识到从来都没有正确的决定

当你无法做出决定时，请一直提醒自己：根本不存在"正确的"决定。你只需要做符合你当下感觉的事。你不知道该怎么做？那就随意尝试一下吧！手边有什么事就做什么事。如果这样做没什么效果，那就做一点超出常规的事情吧。重要的是做，而不是空想。

策略2：为自己的决定设定期限

如果你有一个重大决定要做，请设定做出决定的截止日期，并在日历上标注出这个日期。你要充分利用此前的时间，全面思考自己的种种选项并认真比较。截止日期到来时，你要做出决定并采取行动。

策略3：听从你的直觉

你有没有这样的经历，在做出决定之前，你的直觉警告你不要这么做；在做出决定之后，你也会产生"我就知道"这一想法？在你做决定时，你的直觉可能是准确无疑的指南针。你的潜意识往往非常清楚你应该选择哪个选项，但我们鲜少听从自己的直觉。我们不相信直觉，我们以大脑为统帅，它告诉我们各种可能的、符合逻辑的理由，告诉我们为什么应该选择这个选项而非那个选项。

为了避开这种影响，你可以采用一个简单的基本规则："如果某件事让你感觉不好，就不要做。"这样一来，你可以少操很多心。

策略4：非此即彼？那就抛硬币吧！

如果你必须做"二选一"的决定，那你可以采用这一方法。

①手里拿着一枚硬币；

②确定两个选项；

③将硬币的正反面与选项做好对应；

④抛硬币，看结果；

⑤立刻体会自己是否满意这样的结果。如果满意，那就按抛硬币的结果去行动；如果不满意，就选择另一选项。

策略5：如果你不知道自己想要什么，那就随便做点什么

许多人都不知道自己想要什么，因此无法做出决定。对于这种情况，神经语言程序学提出了一项绝妙的原则："如果你不知道自己该做什么，那就随便做点什么。"

这一原则的要点在于采取行动，而非一味地苦思冥想"什么是'正确的'"。如果你不知道自己该做什么，那就选择一个选项，毫不犹豫地按照这个选项行动。如果感觉不对或者没有得到自己想要的结果，请参考神经语言程序学的另一项原则："如果你做的事情没有效果，那就采取其他方法。"

你可以按照这一策略一直尝试，直到找到适合自己的选项。重要的是要采取行动，开始这个过程。

策略6：不要向不知情和不确定的人问路

你周围有很多人可以帮助你做出决定，勇敢地向他们求助并学习他们的智慧。但你要谨慎选择自己求助的对象，不要选择心中满是恐惧的人、不确定的人、没有成功过的人，而要选择那些对你想要做的事有经验的人、对你和生活都很宽容且态度积极的人。

策略 7：关于决定的直角坐标系

我们做出的每一项决定都会自动排除至少一项其他选项。因为生活中没有什么是中立的，所以我们会错失另一个选项的优点，也要承担自己的决定所带来的消极结果。关于决定的直角坐标系能帮助我们仔细衡量所有的选项。如果你想更清楚地了解一项决定的优点和缺点，只需要回答这一坐标系中的四个问题。你最好把自己的想法写下来。

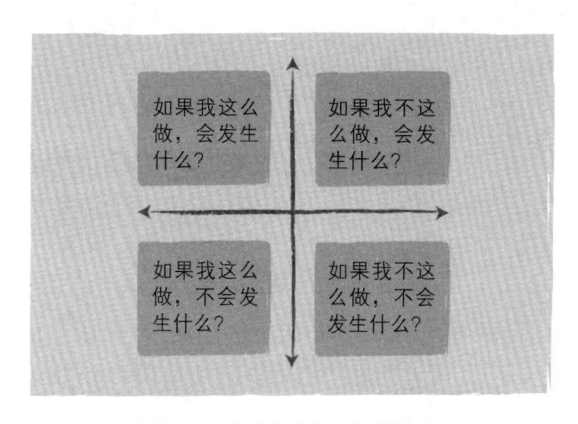

图 2-2 关于决定的直角坐标系

第八章
克服完美主义

"不完美的开始胜过完美的犹豫。"

——托马斯·爱迪生（Thomas Edison）

完美主义的消极影响

完美，即完善无暇，形容某物没有再改善的余地。完美主义者指的就是那些坚持不懈地追求事事完美的人。他们会用高标准要求自己，他们具有很强的组织能力，努力避免任何错误，高度重视别人对其本人及其表现的积极评价。

乍一听你可能觉得这些性格特征非常值得拥有，但过度的完美主义倾向很快就会变成你人生的重大阻碍，因为完美主义就是一座金色的笼子：完美主义者认为他们站在一个十分有吸引力的地方，但实际上他们正身处监狱，沦为自己设立的标准的囚徒。

他们不可自抑地自我竞争、与他人竞争，鞭策自己做出最佳表现，自我折磨直至精疲力尽。他们认为每项任务都必须完美完成，否则就是表现糟糕、让人难以接受。

在这个监狱里，他们越来越多地受到完美主义的影响，可能会出现下列现象：

◆完美主义者永远不满意自己的表现，永远不会拥有真正的快乐。他们只能稍微地享受一下生活，因为他们总是不断设定新目标。如果他们实现了目标，只有当结果十分完美时，他们才会觉得这是成功的。

◆完美主义者很难为自己取得的成功而感到高兴，因为他们总是觉得自己可以做得更好。对他们来说，好的表现尚不足以成为高兴的理由，必须是完美的表现才行。

◆完美主义者很难认可他人的表现，因为几乎所有东西都不符合他们的标准。

◆完美主义者常常会感到紧张和不安，长此以往可能导致他们身心俱疲。对自身表现的过度苛求导致他们有睡眠障碍、耳鸣、疲倦、抑郁等问题。

◆完美主义者会不断地抓漏洞、找错误。他们专注于自己不会和做得不好的事情。他们会批评和自我批评，极端完美者会变得做事迂腐、不知变通。他们总会找到尚不完美的地方。

◆完美主义者完成任务所需要的时间要比其他人多得多。他们往往会投入大量时间,因为在他们看来,每件事都得再三检查。他们拘泥于细节,纠缠于非本质问题,往往很晚才能完成任务,甚至可能完不成任务。

◆完美主义者很难放心把事情交给别人做,因为他们坚信没有人能把事情做得和他们一样好。他们还会把自己的过高要求强加给别人。比如,当某人把自己做完的项目交付给他们时,他们通常会把项目返工,因为很少有事情能达到他们满意的程度。这种判定会导致他们下次宁愿亲自上手,也不要浪费时间去纠正别人的错误。

◆完美主义者具有强烈的避免犯错的倾向,以至于某些完美主义者会回避具有挑战性、结果未知的事情,只是为了避开失败的风险。

完美主义心理的四大诱因

当人们受到完美主义困扰时,诱因常常是以下四点心理因素。

1. 缺乏自我意识,对成功的定义有局限性

我们很早就知道犯错会得到批评、负面的评价和惩罚。相反,好的表现会得到表扬和认可。当我们还是个孩子时,我们会不自觉地得出结论:如果我犯了错,我就不可爱了。这些所谓的规则

会让很多人养成夸张的野心，想要做到事事完美，因为他们认为这样可以让自己得到认可、表扬、赞赏和爱。如果他们犯错或受到批评，很快就会觉得自卑和被针对——这是典型的低自尊人格的表现。因此从根本上讲，完美主义者关心的不是完美，而是完美所带给他们的无懈可击的感觉。他们需要这种感觉来维持自己的自尊，感觉自己有价值、被认可和被爱。他们无法想象自己可以不取得任何成就也能成为可爱的人。对他们来说，总有些东西需要优化，必须实现下一个目标，也必须取得最佳表现。无事可做会让完美主义者备受折磨，因为如果没有可以做的事，他们怎么能得到自我肯定呢？

2. 认同上瘾症

别人如何看待他们？完美主义者始终执着于这个问题。他们的注意力会不自觉地从自己的工作上移开，聚焦在别人的评判上。他们担心，如果自己看起来不完美或者没有完美地完成工作，别人可能会对他们做出负面评价。因此，完美主义者应该诚实地面对这个问题：与低自尊人格密切相关的认同上瘾症，是不是自己不懈追求最佳表现的真正动力？

3. 无法接受自己的不完美

完美主义者无法接受自己的缺点。但我们人类正是在不完美中实现完美的。因作为一个活生生的有机体，能够用自己的精神力量塑造世界，这本身不就是完美吗？承认人类本身这一自然界的奇迹，而非不断追求更加完美，这难道不是于己有利的一件事吗？

4. 恐惧失败和犯错

完美主义者设定的极端标准会让他们避免犯错，因为他们认为犯错等同于失败，视其为个人价值低微的标志。因此，完美主义者害怕失败，只会不断鞭策自己取得最佳表现。他们很难做到从失败中学习经验，因为他们的注意力都放在自己所谓的失败上，而不是失败之后的成长机会上。

健康的完美主义和不健康的完美主义

完美主义倾向本身并不是不健康的。让我们把目光转向完美主义的相关研究，探究完美主义倾向什么时候是健康的。心理学家约阿希姆·斯托伯（Joachim Stoeber）和凯瑟琳·奥托（Kathleen Otto）将完美主义分为两个维度：

◆完美主义担忧；

◆完美主义追求。

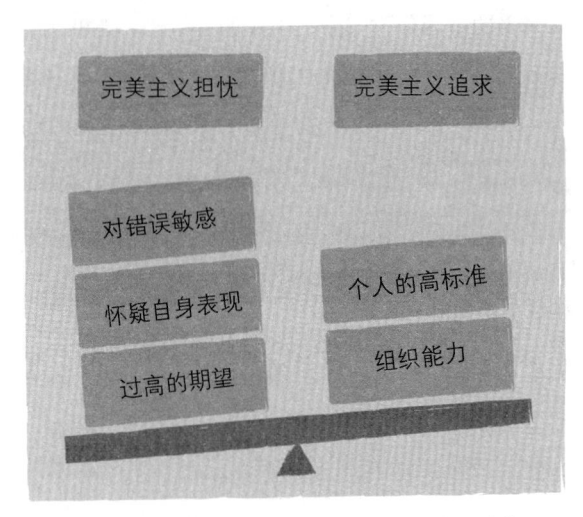

图 2-3 完美主义担忧和完美主义追求之间的失衡

1. 完美主义担忧

这个维度指的是夸张的避免犯错的倾向。容易出现完美主义担忧的人会怀疑自身表现，他们对错误十分敏感，对自己期望过高。

有这方面问题困扰的人总是会把自己与他人进行比较，并质疑自己的表现。此外，他们常常觉得自己不被重视。

因为他们过度追求完美的表现，所以他们常常做一些超出自身能力范围的事，经不起批评和压力。他们会感到力不从心，常常产生不健康的逃避心理和其他问题。

2. 完美主义追求

完美主义追求源自个人的高标准和良好的组织能力。

有完美主义追求的人得益于自身的内在动力,能够无可指摘地完成自己的任务。在制定和执行计划方面,他们有很好的组织能力,可靠且高效。他们能采取恰当的策略处理紧急情况,比如通过观察自己身体发出的信号,进行有益的自我反思,灵活调整自己的行为。

如果我们仔细观察两个维度的特点,就能更容易地评估自己处于完美主义的哪个维度,自身的完美主义倾向是否健康。

不健康的完美主义会让我们浪费时间和精力。无论我们想做什么,都无法取得完美的结果。无论我们已经取得多好的表现,总是觉得自己有改进的余地。没有人能满足完美主义担忧者的过度要求。这种要求所带来的一切不过是在阻碍我们充实、随心、自由地生活。

只要你放下完美主义,就能把自己从沉重的负担中解放出来,开启人生的新篇章。下文中的实用策略可以为你提供帮助。

★ ★ ★
克服完美主义的实用策略

策略1：认识到没有错误

行动所产生的每一个结果都只是一个结果罢了，是我们的评价赋予了它积极或消极的意义。如果我们消极评价某一结果，我们会称其为"错误"。但这样的评价毫无益处，只会消耗我们宝贵的动力。

因此，每当你觉得某件事是"缺陷""错误"或"失败"时，你应该对自己说："我得到了意料之外的结果。下次我可以采用不同的方法。"你需要如此理性和中立。你越是这么做，就越少"犯错"。终有一日，你会不再认为那些事是错误。

策略2：牢记帕累托法则（二八法则）

完美主义者认为，成功平均分配在自身的努力中。然而，这是一种误解，因为帕累托法则告诉我们：一小部分的努力产生了大部分的结果。如果用数字进行说明，帕累托法则说的是：大约80%的成功取决于20%的行动。

另外，这一法则可以应用在所有可能的领域中。在西方工业社会中，80%的企业利润通常由20%的产品产生。我们在80%的时间里只穿20%的衣服。软件用户在80%的时间里只使用20%

的可用功能。

所以，请你问问自己：什么时候你可以用一小部分的努力取得一个好的结果？答案是：任何时候。

策略3：专注于成为专业人士

完美主义者希望成为自己所做的一切事情中的专业人士。但如果你真的想成为专业人士，你就应该抛弃完美主义，因为专业人士清楚地知道一件事何时达到可以交付出去的程度。他们不会浪费不必要的时间和精力，试图让事情变得更好，他们知道有些时候改进额外产生的价值微不足道。一旦这个任务已经完成得足够好，他们就会把注意力放到下一个任务上。

策略4：识别徒耗动力的人和浪费时间的人

你可以用下面的策略，找出在某项任务或某个项目中徒耗动力的人和浪费时间的人。

拿一张纸，在中间画一条竖线，将纸分为两半。在左边写下超出平均水平的高效活动，在右边写下多余、浪费时间和麻烦的活动。比如，如果你想创业，你所写的内容可能是这样的：

高效活动	低效活动
每天做一小时的调研工作。	每天做五小时的调研工作。
先记录第一手文本,然后在第二阶段时进行校对和编辑。	不断改写、重新表达原始文本。
直接与网络合作伙伴对话。	随便参加许多网络活动。

表 2-2 高效活动与低效活动对照表

请你仔细检查哪些活动和任务能使你有效地实现目标,哪些活动只会占用资源,毫无必要。

策略 5:限制每项任务花费的时间

一项任务需要多少时间,你就给它多少时间。这意味着要在所需要的时间内完成任务。如果你没有一个最后期限,完成一项任务所需的时间可能会无限延长。因此,养成给每项任务设定具体完成时间范围的习惯,并持之以恒。

策略 6:其他人对你的完美主义都不感兴趣

你要意识到除了你自己之外,你的完美主义对任何人都毫无意义。没有人期望你能做到最好,除非对方也是完美主义者。既然如此,你为什么要为自己的完美主义而牺牲自己呢?

策略 7：即使你没有达成任何成就，你也是有价值的

你要注意自己用成就来自我定义的时刻，随后，尽量尝试什么也不做，只是把注意力放在周围的人身上。你会惊奇地发现，即使你没有达成任何伟大的成就，他们也会喜欢你。

第九章
摆脱拖延症

"我能是因为我想做我必须做的事。"

——伊曼努尔·康德（Immanuel Kant）

越简单越好?

尽量简化事情是我们的天性。既然有捷径可走，我们为什么还要绕弯路呢？这样的态度往往十分正确，因为它能帮我们省时、省力、省钱，使我们的生活更加轻松。

但当我们的拖延症发作时，我们是在无捷径处寻找捷径。做纳税单、打扫地下室、整理文件、修理自信车、和亲戚打电话、做运动——我们喜欢把这些事情一拖再拖，因为它们让我们心生不快，感到厌恶。当然，我们会找出无数借口来解释自己为什么要推迟完成这些日常事务。"我只是没办法去那里。""我现在不想这么做。""我今天太累了。""我找不到合适的时间。""我还得做这个做那个。但我明天就会开始做了。"在工作中，我们也喜欢逃避重要的工作，让自己分心，不停打断自己的工作，宁愿把精力和时间花在其他事情上——回复电子邮件、回应同事的求助、处理社交软件上的信息、在茶水间闲聊等事情往往比专心致志地完成工作更令人愉快。

所以，我们一直在走阻力最小的路。这是一条所谓的轻松之路，但长远来看，相比短期内迅速解决有关事宜，这种拖延所带来的一时轻松会给我们造成更多问题。原因在于"消耗效应"。"消耗"意味着"减少、损耗、耗尽"，而消耗效应的意思是：当我们试图让事情变得更轻松时，我们实际上在让事情变得更加困难了。

我们自欺欺人的心理活动会按照以下过程进行：

◆我们推迟任务，因为当时的我们觉得这样会更轻松。

◆我们告诉自己："现在不这么做也没什么关系。"

◆我们的任务越来越多，堆积成山。完成所有的事情变得越来越难。

◆我们的动力越来越少。

◆我们推迟的事情越来越多。

因此，不立即行动不仅会对我们的成果产生巨大的影响，还会严重影响我们的心理状态。如果我们总是想着自己还得做什么，就会浪费相当一部分精力。未完成的事情就像精神和灵魂的压舱石,在我们的大脑里堆积成庞大的任务之山。

接着,我们会暗自指责自己的不作为。当然,我们还是更愿意把这些想法抛诸脑后,转移自己的注意力,做自己想做的事,因为那些事更容易、更有趣。我们对拖延的后果视而不见,直到无法再继续以"没有时间和精力""缺乏资源或其他外部条件"为借口为自己的拖延辩解。然后,我们不得不花费更多精力完成任务,因为我们的时间所剩无几,压力倍增,我们的不情愿会进一步增加。

美因茨大学的一项研究强调了消耗效应的影响。研究表明,相比那些能立刻着手完成任务的受访者,有拖延症的受访者收入更低,很少结婚,更频繁地遭遇失业问题,承受更多的压力、恐惧、抑郁、疲惫和孤独。如果你想掌控自己的人生,做一个真正有创造性的人,那就停止给自己找借口。

拖延症的成因和后果

明斯特大学的一项研究结果表明,只有大约2%的受访者丝毫没有拖延症问题;7%的受访者深受拖延症困扰,以至于他们不得不寻求外界帮助来掌控自己的生活。因此,对大部分人而言,拖延症尚未达到病态程度。

但拖延症会带来很多我们通常并不清楚的影响。拖延,不仅会限制我们的做事能力，还可能导致肌肉紧张、消化道疾病、睡眠障碍和心血管问题等生理疾病。此外，它还会造成内心不安、紧张、心理压力过重、无助感、恐惧甚至恐慌等心理影响。

导致我们拖延的原因五花八门，其中最常见的原因是：

◆时间管理能力差，比如无法确定事件的轻重缓急、难以排除错误或不合理的计划安排；

◆无法区分、选定行动方案；

◆注意力不集中；

◆面对任务的反感情绪；

◆害怕失败；

◆害怕被批评、被拒绝；

◆对任务、个人责任和工作能力的错误认知。

拖延症背后的心理因素

许多人在观察别人时会说"我也可以做到"或"我也想这么做"。但他们有五花八门的借口，不采取行动。当然，谁都不会有意识地形成拖延的意图，更多的是某些心理因素在作祟。最常见的心理因素有：

1. 逃避改变

只要我们推迟做某些事情，就可以保持现状。只要我们不采取行动，就可能有机会将自己的问题归咎于环境和他人。

2. 恐惧成功

那些光明正大地做事拖拖拉拉的人往往害怕自己取得成功。这种微妙的恐惧背后可能隐藏着各种各样的原因。比如，我们可能害怕承担更多责任，害怕接受大量为维持成功而必须做的工作。我们也不想和嫉妒、抱怨扯上一点关系。此外，我们可能害怕因为自己的表现而得到认可、声望和财富，害怕无法处理好这些东西。

3. 不想为可能的失败承担责任

拖延背后的另一个驱动因素是我们对失败的恐惧。我们的拖延症想保护我们免受可能发生的危险："不要让自己出丑。最好什么都不要说。""不要出头，反正你也得不到提拔。""不要这么做，否则你只会徒增失望。""反正你也不会成功，那你为什么还要尝试呢？"这些想法背后都隐藏着恐惧——恐惧丢脸，恐惧最终得不到他人的赞赏和认可。什么都不做可以让我们保持现在安全稳定的状态，我们可以说："我什么都没做，所以如果出了问题也不能怪我。"

以上思维方式促使我们自欺欺人，止步不前。

克服拖延症的终极策略

无论我们推迟那些不愉快的事情是因为什么，有一个办法都可以帮我们激发动力，克服拖延症：做。

采取行动是克服拖延症唯一有效的策略。这很清晰明了，不是吗？毕竟我们都在寻找终极动力之源。但可惜的是，世上没有这样的东西。任何大师、书籍、研讨会或金钱都不能为我们提供可持续的动力。克服拖延症唯一有效的策略就是即使自己懒散过头、感到恐惧或自我怀疑，也要战胜自己，采取行动。采取行动是动力的全部奥义所在，其他的一切都只是无用的点缀。

AEA 模型

如何才能点燃自己的动力？本书前面的内容已经告诉我们，我们所有的行为都是基于个人的心理策略。为了激活"做"这一策略，我们可以使用 AEA 模型。该模型的基础是通过思维之锚获得对形势的洞察力并开始行动。

1. 使用思维之锚

这是行动的第一步。我们以此为启动信号，激活"现在开始"这一策略。"果断的行动"一章已经告诉我们可以使用"这没什么！"作为激活语，让自己行动起来。你越是经常使用这类激活语，潜意识中开始行动的念头就会越发强烈。这是大脑从自动驾驶切换到自主控制所必需的转换程序。

2. 培养洞察力

动力源自这一事实，即我们洞察了开始行动是我们向前发展、实现目标的唯一选择。我们需要这种洞察力，克服不情愿的消极心理，激发行动所必需的能量。

提醒自己为什么想完成这项任务，对我们培养这种洞察力非常有帮助。

我们已经探讨过，我们认为必须做的一切都是曾经的某个决定所带来的结果。我们做一件事总是有原因的，但我们常常忘了这个原因。这个原因有巨大的力量，可以给我们带来额外的动力和能量。

当你再次拖延时，请你提醒自己为什么想要做这些事，是什么导致这些事出现在你的日程安排中。让我们来看几个例子。当你没有兴致为下一次考试而奋力学习时，问问自己为什么要通过这次考试。你会获得提高自身竞争力的资格证书吗？你能因此而有机会做自己梦想的工作吗?

当你想成为自由职业者又不想给自己的网站撰写文章时,请你提醒自己为什么要成为自由职业者。你是否想享受自由,想自己掌握决定权,想挣更多的钱,还有想做真正让自己感到快乐的事?

当你要做纳税单时,你要意识到你想问心无愧地睡觉,不想惹来税务局的麻烦。当你想克服拖延症时,牢记自己做事的原因对你大有裨益。

3. 行动

如果我们想付诸行动,除了纯粹的、冷静的行动外,没有什么能帮助我们——即使我们不喜欢这样做。如果我们使用了思维之锚,养成必要的洞察力,就没什么能阻挡我们积极地行动。

让内心对话成为你的盟友

我们已经明白,我们内心的对话会直接影响我们的思维、感觉和行为。例如,如果你对自己说"太难了"或是"我太累了",你就会有相应的感觉,从而推迟完成事情,而非立即采取行动,你的动力和创造力会被你无意识所选择的话语彻底压制。接下来,让我们来看看两种言语策略。一种透露出拖延的打算,另一种表达了果断行动的意图。

第九章 摆脱拖延症   *257*

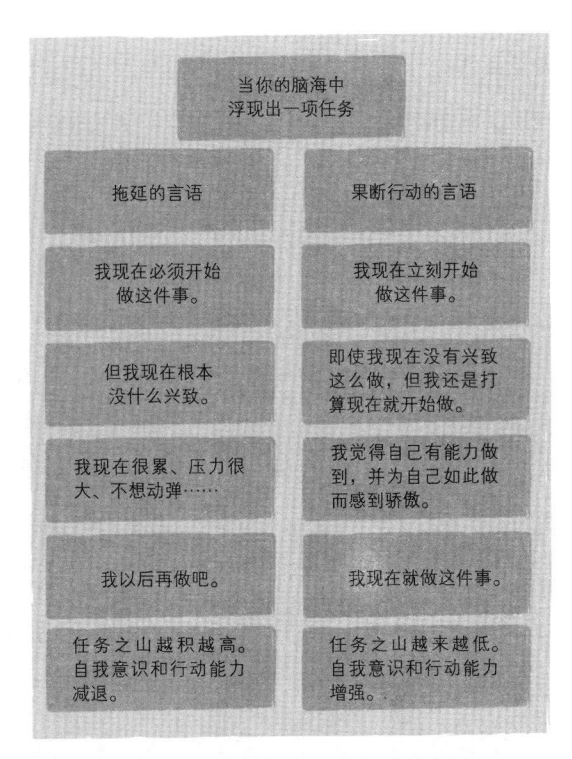

当你的脑海中浮现出一项任务	
拖延的言语	果断行动的言语
我现在必须开始做这件事。	我现在立刻开始做这件事。
但我现在根本没什么兴致。	即使我现在没有兴致这么做，但我还是打算现在就开始做。
我现在很累、压力很大、不想动弹……	我觉得自己有能力做到，并为自己如此做而感到骄傲。
我以后再做吧。	我现在就做这件事。
任务之山越积越高。自我意识和行动能力减退。	任务之山越来越低。自我意识和行动能力增强。

图 2-4 拖延的言语和果断行动的言语

你是必须行动还是想要行动？

有的人只会选择立即行动。他们感受到一种真切的急迫性，总想给自己充足的时间完成任务。他们无法接受太晚开始做某事或压根儿不去做这件事。这些人总会立刻开始行动。这些人与拖延症患者的区别在哪里？他们立刻行动，是因为他们想要行动。

如果我们将任务看作必须完成的事，就会引发内心的不情愿。"我必须做完自己的纳税单。""我必须打扫卫生。""我必须完成这个。"这些句子都会让我们感到不情愿和拒绝，因为我们采用了包含"必须"的句式。我们想避免不情愿、不开心的事，所以我们没有动力去做那些令人讨厌的事，只会将其一拖再拖。

包含必须的句式	包含想要的句式
我必须做完纳税单。	我想要做完纳税单，因为这是无法避免的一项工作。如果我完成了的话，这项任务就不会再烦我了。
我必须做这个项目。	我想要做这个项目，因为这对我的职业生涯很有帮助。如果我完成了的话，我的自我意识、声望和收入都会增加。
我必须给我的亲戚打电话。	我想要和我的亲戚打电话，因为我爱他们，他们是我人生中最重要的人。
我必须做出改变。	我想要做出改变，因为这样我才能在生活中向前迈进。只有我才能改变某些东西，我会为此负起全部责任。

表 2-3 用包含想要的句式重新解读任务

对此，改变心中的观点很有帮助。为什么不把事情看作是我们想要做而不是必须做呢？如果我们不是必须做好纳税单，而是想要做好纳税单；如果我们不是必须积极行动，而是想要积极行动，那么将积极的感受和任务联系起来的大门就向我们敞开了。

为成功克服拖延症做好规划并照此行动

现在，让我们综合一下目前学到的所有策略，结束拖延症。请你找一件自己不想再拖延的事，并执行成功克服拖延症计划的九个步骤。你最好安排充足的时间，以书面形式进行这一练习。

第1步：确定紧迫性

首先，你要确定任务的紧急程度。如果你必须尽快完成，就转到第3步。如果你可以慢慢来，就有意识地选择在事情变得紧急之前不做处理。

第2步：确定重要程度

你现在要考虑这项任务对自己有多重要。如果它是一个重要的优先事项，请转到第3步。如果它不是很重要，就有意识地选择在事情变得足够重要前不做处理。

第3步：确定目标和理由

写下具体目标。你到底想实现什么？为什么？你将获得什么？列出当你完成任务时所能获得的所有好处。

第 4 步：将预期和结果可视化

现在请你在心理层面进入未来世界，想象自己已经完成了任务、实现了目标。用积极向上的语言描绘自己的成功。你现在已经实现了目标，感觉如何？谁会赞美你？谁会为你骄傲？你期待什么？你的生活会有什么不同？

第 5 步：做好结构合理的计划

将任务分解为一个一个的小步骤，可以消除庞大的任务带来的压力。请你确定以下几个问题：这一任务中有哪些重要的节点？为了顺利完成任务，你可以预先把任务划分为哪些步骤？你必须完成的各个步骤是什么？

第 6 步：创造行动环境

你需要合适的环境来采取行动。为了做好纳税单，你需要把所有文件都放在一个地方；为了做好一个项目，你需要收集所有重要信息；为了做好创新工作，你需要灵感。请你创造一个支持自己不受干扰地执行计划的环境。

第 7 步：开展积极的内心对话

内心对话是你强有力的盟友，你可以直接和自己对话。请你想一想，为了使任务变得更容易，你可以对自己说什么？哪些话语能鼓励你扛起这个任务？你应该用什么语气说话？或许可以用一种充满爱意、激励人心或自信满满的声音？练习与自己的内心进行对话，直到你找到用语言激励自己的办法。

第8步：培养做事的乐趣

找到将任务与乐趣相结合的方法。你怎样才能培养做事时的乐趣？你可以怎样避免消极情绪？为了使自己喜欢做某件事，你可以改变什么？

第9步：小步骤的策略

如果我根据你的任务问你："为了实现预期目标，你首先需要做什么？"你会如何回答？

这个问题并非微不足道。这个问题旨在探究你必须先做什么。也许你应该先做出一个决定，写下些什么或制订一个计划，具体内容因人而异。你的第一步是什么呢？

如果你找到了答案，那么下一个问题就是："接下来必须做什么？"如果你也找到了这个问题的答案，你就可以重复问自己这个问题。这样一来，你就可以一步一步地实现目标。

★★★
不再拖延的实用策略

策略 1：认识到你的懒散的代价

我们的所为和不为都有各自的影响。如果我们把某事推迟，我们总要为此付出代价。因此，问问自己："如果我推迟自己的任务，我会付出什么代价？"

请你绝对真诚地面对自己，针对每个生活领域回答以下两个问题。

生活领域	我推迟了什么事？	我会为此付出什么代价？
健康		
家庭		
婚姻生活		
职业		
经济状况		
住房、环境、生活方式		
人生趣味、乐趣、娱乐		
个人成长		

表 2-4 个人问题表

请你花足够的时间进行上述思考，因为它们可能会让你得到非常触动你的认知。

策略2：找出你想做某事的原因

你所设定的任务背后隐藏着什么原因？牢记自己的目的可以创造真正的奇迹。"感觉必须做某事"不是理由，因为除了死亡，没什么是我们必须做的。所以，请不要再告诉自己必须做什么事。任务背后的真正原因是决定。你已经在某一刻做出决定，积极行动是唯一符合逻辑的行为。

策略3：找到更糟糕的东西

如果你不打算做某事，你可以用这个策略来激励自己。找到一项你完全不喜欢的工作，比如熨衣服、缝纽扣、洗碗、吸尘、做纳税单等，然后开始做这项令人不快的活动。不必做完全部，当你毫无兴致时，就重新回到你本来该做的任务上。两项任务交替进行，直到你完成你的主要任务。

策略4：将"必须"改为"想要"

用"我可以"或"我将要"来代替"我必须"。起初，这一策略可能会让你觉得有点不方便，但它具有不可估量的意义。逐字逐句地对自己说："我现在可以 / 想要 / 将要洗碗。""我现在可以 /

想要/将要做报税单。""我现在可以/想要/将要开始做这个项目。"仅仅改变你的用词，就可以改变你对任务的感觉，更容易激励自己完成任务。

策略5：只给自己5分钟时间

开始做你的任务，并下定决心只做5分钟。5分钟后，问问自己："我想再做5分钟吗？"5分钟过去后，再决定自己是否要继续，而后也继续使用这一策略。如果你不想再继续做这项任务，就去做其他事情，直到你再次感受到完成这一任务的动力。请你继续只做5分钟的工作。你不能在任务中逗留太久。或者，你会觉得自己应该多花点时间？

策略6：做决定而非拖拖拉拉

你可以随时决定开始或结束一项任务。有意识地允许自己在某一刻不做某件事，这是完全合法的决定。只有当你为没有积极行动而责备自己时，之前的决定才会变得令人不快。这种判定会让你认为自己的决定是在自我毁灭。

下次你决定不做某事时，请有意识地对自己说："我决定现在不做这件事。"而不是说："实际上我必须……"然后，有意识地不做这项活动。不要自责，因为你的行为是有自主意识的。但是，你要把任务以书面的形式记录下来。比如，在你的日历本上标注具体日期或待办清单。在到期之前，完成这些任务，将其从你的脑海中删除。当任务期限开始时，请利用 AEA 模型等策略立即开始行动。

后记
我什么时候才能完成这一切？

持之以恒是成功的关键

人们有时会问我："我什么时候能完成蜕变？"我的回答是：我们永远不会停止改变。成长和变化永无止境。活到老，学到老。

如果你将这种态度内化于心，就能体会到许多人所向往的状态：过上真正意义上的自我主宰的生活。愿爱、创造力和人生乐趣永远伴你前行。

我真诚地希望这本书所为你提供的策略能使你的生活更加丰富多彩。我曾亲身使用这些策略，它们给我的个人生活、与他人合作进行的工作提供了很多帮助。为了发挥它们的最大作用、充分帮助你，我建议读者不要把这本书闲置一旁，而是要努力记住所学的种种知识，将其一步一步地融入自己的生活。否则，你会很快淡忘这些观点和策略，继续停留在舒适区里。虽然你处于自己的舒适区内，但你真正想要的生活却在舒适区外等候着你。你越是经常跨越舒适区的界限，直面新的、陌生的、不适的情况，就会成长得越快。当然，你所期待的变化不会在一夜之间完成。毕竟生活并非如此。如果你种下了一颗种子，娇嫩的幼苗开始生长，你不能揠苗助长，指望它在一周内开花结果。事实上它可能需要几周、几个月甚至几年的时间才能有所收获。在改变的过程中，最重要的是要有信心，不断克服自身的局限性，重中之重是要持之以恒。如此一来，你使用新策略时就会愈发如鱼得水，努力所产生的回报也很快就远远超出你所付出的代价。

非常感谢你能花时间阅读这本书。能与你分享我的想法和策略，我不胜欣喜。我希望这些内容能像帮助我和我的课程参与者、客户一样，有效地帮到你。

如果你想取得进一步的成果，你可以通过这个网址（www.jacqueline-koeppen.com），获得更多关于我最新的训练及课程内容的信息，找到可供参考的文章，与我分享你的经验。

我诚挚期待收到你的消息。

附录
参考文献

Richard Bandler, John Grinder: The Structure of Magic I. A Book about Language and Therapy. Science and Behavior Books, Palo Alto 1975

Noam Chomsky: Sprache und Geist. Übersetzt von Siegfried Kanngießer. Suhrkamp Verlag, Frankfurt 1973

Steve De Shazer: Wege der erfolgreichen Kurzzeittherapie. Aus dem Amerikanischen von Ulrike Stopfel. Klett-Cotta, Stuttgart 1989

Robert Dilts: Die Magie der Sprache: Sleight of Mouth. Angewandtes NLP. Junfermann Verlag, Paderborn 2016

Albert Elis: Training der Gefühle: Wie sie sich hartnäckig

weigern, unglücklich zu sein. mvg, München 2006

Rick Hanson, Forrest Hanson: Das resiliente Gehirn: Wie wir zu unerschütterlicher Gelassenheit, innerer Stärke und Glück finden können. Aus dem amerikanischen Englisch übertragen von Richard Reschika und Nadine Helm. Arbor, Freiburg im Breisgau 2019

Donald O. Hebb: The Organization of Behavior. A Neuropsychological Theory. Wiley, New York 1949

Alfred Korzybski: Science and Sanity: An Introduction to Non-Aristotelian Systems and General Semantics. Institute of General Semantics, Englewood, New Jersey 1994

Maxwell Maltz: Psycho-Cybernetics. Updated and expanded. Perigee, New York 2015

Andrew Newberg, Mark Robert Waldman: Die Kraft der mitfühlenden Kommunikation: Wie Worte unser Leben ändern können. Aus dem Amerikanischen von Dagmar Mallett. Kailash Verlag, München 2013

Carl R. Rogers: Entwicklung der Persönlichkeit. Psychotherapie aus der Sicht eines Therapeuten. Aus dem Amerikanischen von Jacqueline Giere. Klett-Cotta, Stuttgart 2018

Theodore I. Rubin: Mach Deinem Ärger Luft! Negative Energiestaus positiv nutzen. Moderne Verlagsgesellschaft,

München 1989

Joachim Stoeber, Kathleen Otto (2006): »Positive conceptions of perfectionism: Approaches, evidence, challenges«. Personality and Social Psychology Review, 10(4), S.295–319

Rolf Verres, Ingrid Sobez: Ärger, Aggression und soziale Kompetenz. Zur konstruktiven Veränderung destruktiven Verhaltens. Klett-Cotta, Stuttgart 1980

"如果你有问题,那就尝试解决问题;如果你解决不了这个问题,那就不要再因此而制造问题。"

——禅语

图书在版编目（CIP）数据

谁说我不可以 / (德) 杰奎琳·库彭著；迟雪燕译
. -- 成都：四川人民出版社，2022.8（2022.12 加印）
ISBN 978-7-220-12755-7

Ⅰ.①谁… Ⅱ.①杰… ②迟… Ⅲ.①心理学 Ⅳ.
①B84

中国版本图书馆 CIP 数据核字 (2022) 第 118011 号

OBENRUM FREI: Wie du Denkblockaden überwindest - 111 Strategien, Impulse und Übungen by Jacqueline Koeppen
Copyright© 2021 dtv Verlagsgesellschaft mbH & Co. KG, Munich/Germany
四川省版权局著作权合同登记号：21-2022-210

SHUISHUOWO BUKEYI
谁说我不可以
[德] 杰奎琳·库彭 著　迟雪燕 译

出 版 人	黄立新
出 品 人	柯 伟
责任编辑	郭 健
特约编辑	刘思懿
封面设计	水 沐
内文设计	李琳璐
特约校对	邓永勤
责任印制	周 奇
出版发行	四川人民出版社（成都三色路 238 号）
网　　址	http://www.scpph.com
E-mail	scrmcbs@sina.com
新浪微博	@四川人民出版社
微信公众号	四川人民出版社
发行部业务电话	（028）86361653　86361656
防盗版举报电话	（028）86361653
照　　排	天津星文文化传播有限公司
印　　刷	北京盛通印刷股份有限公司
成品尺寸	145mm × 210mm
印　　张	8.875
字　　数	166 千
版　　次	2022 年 8 月第 1 版
印　　次	2022 年 12 月第 2 次印刷
书　　号	ISBN 978-7-220-12755-7
定　　价	49.80 元

■版权所有·侵权必究
本书若出现印装质量问题，请与我社发行部联系调换
电话：（028）86361656